ゾルバとブッダ

中村有佐
〈学校心理士〉

まず、ゾルバになる。
ブッダはゾルバの中に眠っている。

OSHOの道場（アシュラム）で学んだことが、
人生の羅針盤となった。

風雲舎

インドに飛びＯＳＨＯのアシュラム（道場）に行くと、さまざまな出会いが待っていました。実存としてのＯＳＨＯとの出会い。「道」を求める多くのヨーロピアンや日本人との出会い。

自分のなかにあった大きな問い——私とは何か、どこから来て、どこへ行くのか——私はその答えを求めて思索し、出会った人たちに問いかけていきました。

ＯＳＨＯの言葉が私の心をとらえました。

「まず、ゾルバになる。ブッダはゾルバのなかに眠っている」

「ゾルバ」とは、映画『その男ゾルバ』（１９６４年）の主人公の名です。主演のアンソニー・クインがはまり役で、限りなく生の喜びを謳う人間讃歌の物語です。自由な心をもち、酒を飲んでは、歌い、踊り、女性を愛し、人生のすべてを楽しんだ男。

ゾルバは、人間らしさの象徴です。

ＯＳＨＯは、こう言うのです。

まずゾルバになる。肉体で感じられる感覚や煩悩を楽しみなさい。

同時に、大いなる意識、「目撃者」でいなさい、ブッダでいなさい。
五感で人生を楽しみながら、目撃者でありなさい。

その言葉は私の心に灯ります。
ＯＳＨＯのアシュラムの後、私はヒマラヤの地で仏の教えに出会い、バラナシの地で宇宙の神秘と出会います。「大きな問い」を問い続けたそれら奇跡のような体験は、人生の羅針盤となって私を導いていきました。

著者

『ゾルバとブッダ』……目次

カバー絵『銀座四丁目』…衣笠　泰介
カバー装丁………………山口　真理子
本文さし絵………………中村　有佐

〈第1章〉インドへ

ＯＳＨＯのアシュラム

１９８１年1月13日。20歳の私はインドに向けて旅立った。

ＯＳＨＯ（バグワン・シュリ・ラジニーシ）に会うためだ。ダライ・ラマが「光明を得た師」と呼んだ、著名なインド人の神秘家であり瞑想指導者だった。

その数か月前、ＯＳＨＯの本を読んで驚いた。生まれて初めて「本当の言葉」を聞いたような気がした。それまで父母からも先生からも聞いたことのない、どの本にも書かれていない「本当に意味のある言葉」だと感じた。私が心から欲しているものだった。

乗り継ぎのためバンコックで数日過ごしてから、インドの首都ニューデリーへ。その後経済の中心地ムンバイで数日過ごし、ＯＳＨＯのアシュラム（道場）があるプネーに向かった。プネーはムンバイの南東１５０キロに位置する高原都市。世界中から「道」を求める若者が集まっていた。

1月22日
ムンバイの空港でチェックインをすませ滑走路に向かう。
あったのは、バスに翼をつけたような飛行機。なんとプロペラ機。（大丈夫かなあ……）

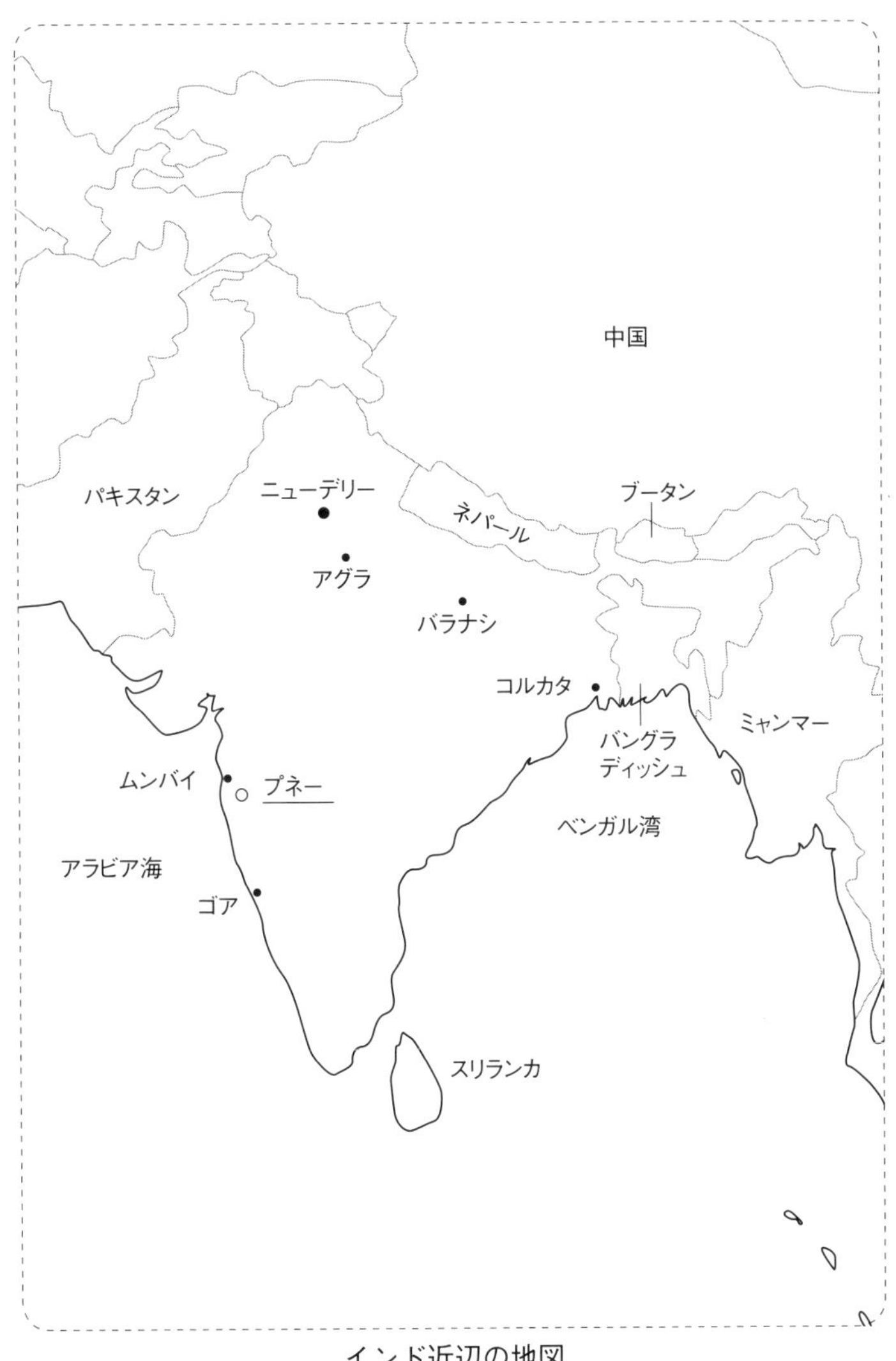
中国
パキスタン
ニューデリー
ネパール
ブータン
アグラ
バラナシ
コルカタ
ミャンマー
バングラディッシュ
ムンバイ
プネー
ベンガル湾
アラビア海
ゴア
スリランカ

インド近辺の地図

不安を感じたが、なんとかテイクオフ。中もバスそっくり。冷房が壊れているのか、頭上から温風が吹きつけてくる。バスガイドさんのようなサリーの女性がアメを、あとでチャイ（ミルクティー）を配った。チャイを飲み終わるころにはプネーの上空。

到着は夕暮れ。空港からオートリキシャ（三輪タクシー）に乗った。夕焼けはどこで見ても遠く、寂しく、なつかしい。燃えるような朱色に染まった雲、天から降り注ぐような光を見ていると、プネーが迎え入れてくれているような気がする。少し楽になった。

オートリキシャはＯＳＨＯのアシュラムの前で止まった。オフィスに行き、「どこか泊まるところはないか」と尋ねると、オフィスの男は、Sunderban と書いた紙を渡してくれた。アシュラムのすぐ隣。そこのドミトリー（相部屋）に入ると、薄暗い部屋に数人が思い思いの恰好でベッドに寝そべっていた。

「日本人ですか？　梅干し食べませんか？」

えんじ色の服を着た仙人のような男性が声をかけてきた。ニューデリーやムンバイでは日本人とはひとりも出会わなかった。久しぶりの日本語にホッとする。

彼は木村さん。10日ほど前にこのアシュラムに来たらしい。いろいろ教えてもらった。他に３人。ロバーツというアメリカ人。下痢とのことで幽霊みたい。愛想のいいパーマをかけたアメリカ人。さらに茶色の毛髪とヒゲのドイツ人。

木村さんに「明日の朝、ダイナミック・メディテーションに行かない？」と誘われた。どんな瞑想なのか尋ねると「全身を使う瞑想で、凝り固まった自分を壊してくれますよ」と。「ぜひ行きたいです」と私。

ベッドで横になって『パパラギ』（エーリッヒ・ショイルマン編集　岡崎照男訳 立風書房　１９８１年）を少し読んだ。『パパラギ』は成田空港の本屋で見つけた、真理が感じられる本。もともと第一次大戦後のドイツで出版された本で、ヨーロッパを旅した南の島の酋長ツイアビが、初めて「文明」を見た驚きがつづられている。パパラギとは白人（文明人）の意。白人文明を批判し、人間の生を讃美するその言葉は、私たちの常識をひっぱがす力をもっている。ツイアビはこんなことを言う。

「たくさんの物を作ったので、パパラギは自分が神様になったと思いこんでしまったのだ」

1月23日

朝５時。木村さんに起こされ、シャワーを浴びて外へ出る。外はまだ暗く、けっこう寒い。蚊が多くてよく眠れなかったが、辛抱してアシュラムに向かった。１日有効のチケットを買い「ブッダホール」に向かう。白い石床に柱と屋根だけの広々としたオープンホール。熱帯植物に囲まれていて、とても気持ちがいい。朝日のなか、50人ぐらいが集まっていた。ほとんど白人。皆、えんじ色や朱色の服を着ている。音楽が流れ、ダイナミック・メディテーションが始まった。

（第1ステージ）鼻で激しく呼吸を繰り返す瞑想（10分）。

立った姿勢で、できるだけ速く、強く、鼻で呼吸を繰り返す。鼻から吐く息に集中し、自分が呼吸そのものになるように全身を使って激しく行なう。それによってエネルギーが蓄積されていく。

（第2ステージ）自分の内にある感情を吐き出す瞑想（10分）。

感情を爆発させる。叫び、大声を出し、ジャンプし、床をたたき、泣き、笑い、自分の内にある狂気をすべて吐き出し、自分のリミットを外す。

（第3ステージ）跳ねながら、口から息を吐く瞑想（10分）。

両腕を高く上にあげ、ジャンプしながら「フーフーフー」と声に出し、口から息を吐く。足の裏全体で着地する。それを繰り返し、チャクラや脳に刺激を与える。その動きにエネルギーを注ぎ込み、完全燃焼させる。

（第4ステージ）動きを止めて内面を感じる瞑想（15分）。

溜まったエネルギーを漏らさないように、ピタッと全身の動きを止める。すると心は新しい空間に入る。自分の心をただ観照し、神聖な存在に気づく。

〈第５ステージ〉快い音楽に合わせて踊る瞑想（15分）。

祝いのダンス。生の喜びと感謝に身を任せ、音楽に合わせて自由に踊る。その喜びの感覚を１日中感じているようにする。

合計60分。

「え、これが瞑想？」という感じ。かなり激しく、しんどいメディテーション。でも朝のすがすがしい空気と光のなかの60分は新鮮な体験だった。

ＯＳＨＯは、自我（エゴ）から離れる手段として瞑想の大切さを説いていた。

坐禅のような静的な瞑想だけでなく、カタルシス（浄化）がもたらされる動的な瞑想を重視していた。スポーツをしてすっきりするように、身体を動かしながら、感情のわだかまりを声に出して吐き出す瞑想。なるほど効果があると感じられた。

私も、心のなかにあるわだかまりや苦しさを叫ぶように吐き出そうとしたが、簡単ではない。すぐには、感情が出てこない、周りの目を気にする自分がセーブをかけてしまう。バカになりきれない。何も気にせず、わめき、叫び、吐き出すことができるまでには時間がかかりそうだ。

アシュラムの中はインドとは思えないほど清潔で美しい。熱帯にあるリゾートという感じ。アシュラムで食事をとって、木村さんに施設のことを説明してもらった。初日からこういう親切な人に会えるとはありがたい。

ホテルに帰り、ボーッとしているうちに眠くなった。少しして起きると、木村さんのメモがテーブルにあった。「よかったらお昼、アシュラムで一緒に食べよう」

木村さんと昼食。一緒にプネーの街へ。ガンジー・ロードでパンを買ったり、アシュラム・ファッションを見たり。サニヤシン（出家者・ＯＳＨＯの弟子の呼び名）は、基本的に赤系統の色の服を着ることになっているらしい。色やデザインにもバリエーションがあって、おしゃれな感じ。

プネーの街はニューデリーと違ってけっこう小綺麗。人混みも大したことなく、車や馬車もうるさくない程度に走っていた。商店街の造りは、ニューデリー、ムンバイと似たような感じ。どこでもこんな感じなのだろう。

「中村くん、今日はどうだった？」

「なんだかとっても新鮮でした。アシュラムはインドの中でも別世界ですね」

「そうでしょう。静かで、きれいなところだよね。ヨーロッパナイズされていて」

「ええ、ほんとに。朝のブッダホールは日差しがきれいで、気持ちがいいですね」

「そうだね。あそこで瞑想するのは気持ちがいいよ。ＯＳＨＯの講話もあそこでするんだよ」

「そうなんですか。でもダイナミック・メディテーションにはビックリしました。すごいですね、動きがハードで。あんな瞑想は初めて。衝撃的でした」

「分かるよ。最初は驚くよね。これが瞑想なのって。瞑想っていうイメージ……静かに座るっていうイメージからかけ離れているものね」

「あれ、ＯＳＨＯが考えたんですか？」

「そう。現代人はいろんなストレスや心の問題を抱えているじゃない。忙しいから、常にいろんなこと考えている。だから、まずそれをカタルシス（浄化）しないと、落ち着いて瞑想することができないんだよね。だから、ああいう動的なメディテーションを考え出したらしいよ」

「たしかにそうですね。まず、出すもの出さないと集中できませんもんね。画期的ですね。疲れますけど（笑）」

「たしかにハードだよね（笑）。でも、僕には合っているみたい。調子がいいんだよ。ここにきてから」

1月24日

陽気がいいのと、なんとなく疲れたので、午前中はホテルでボーッとしたり、『パパラギ』を読んだりして過ごす。アシュラムで昼食をとり、フラフラあちこちを探検。

木村さんから、長く滞在する人は手ごろなホテルか、ハットと呼ばれるbamboo hut（竹で編んだ小屋）を借りていると聞いていたので、午後からリキシャでハットを見に行く。これが、とってもいい、かわいい。ハットは、村からちょっと離れた広場に6棟建っていた。小屋の中は4畳半ぐらいの広さ。竹で編んだベッド。冗談みたいな家だが、なんだか心をくすぐられる楽しさがある。絵本のなかの世界みたい。鍵のことや家賃のことをインド人のオーナーに聞く。

1月25日

ハットを借りることにした。アシュラムから歩いて20分くらい。家賃は千ルピー（約2万5千円）プラス所有権が千ルピー。（少し高いな）と思ったが、こんなところに住めるのは一生に一度だと思って1か月借りることに。オーナーはハットから50mほど離れたところに住むラジープさん。彼の家に入るとお香のいい香り。壁には神様の絵が貼られた祭壇。他にも神様の置物、神様の額縁などなど。インドの街にはあちこちに神様のポスターが貼

サンジェくん（左）著者（中央）木村さん（右）

られているが、家の中も神様だらけだ。

優しい感じの奥さんとサンジェくんという小学生ぐらいの男の子。目がぱっちりしていてかわいらしい。ご両親も一緒らしい。温かくて雰囲気のいい家庭。チャイをごちそうになってハットの支払いを済ませた。「今度、食事においで」とラジープさん。

木村さんにハットを見せると気に入って、「一緒に住んでいいか」と言う。せまい小屋だが一緒に住むことに。さっそく今日から。

夜、木村さんの話を聞く。

彼は40歳（私の倍！）。若いころヨーロッパに渡り各国を旅していたらしい。フランスで金が尽き、物乞いをしたこともあるという。フランス語と英語を勉強してフランスの大学にも行き、目下イギリスで通訳の仕事をしているとのこと。政府関係の通訳もするという。すごいね。話はとても面白い。

「僕が20歳でヨーロッパに行ったころは、まだ日本という国を知らない人がたくさんいたんだ」

「木村さんが20歳っていうことは、私が生まれた年ですね。１９６０年ですか?」

「そうそう、そのとおり（笑）。なんか面白いね」

「それで、日本って知られてなかったんですか?」

「うん。僕が自分のことを日本人だって説明しても、〈分かった。おまえはチャイニーズだろ〉って言われたりして。日本っていう国自体の認知度が低かったんだね」

「でも、ジャポニズムとか、日本文化がはやったころがあったんでしょ」

「うん、でもそれは一部の国の、一部の人たちの間だけだよ」

「じゃあ、いつごろから日本っていう国が認知されるようになったんですか」

「それはねえ、農協の海外ツアーみたいなので日本人がドッと観光に来るようになってからかな。短い日程であっちこっちの観光地を巡って、高価な物を山ほど買っていくアジア人。なんだあれは……ってことになって、〈あれが日本人っていうんだ〉って。あのころからかな」

「なんか……恥ずかしいですね」

「まあね。でもそれで一気に認知度は上がったよ。どこに行っても〝日本人〟って言えば分かるし、いちいち説明しなくてよくなった」

「へえ。そうなんだ。日本人だってことで、嫌な思いはしなかったですか」

「そりゃあ、何度も嫌な思いはしたさ。日本人っていうか、アジア人や有色人種はみんな下に見られていたからね。特にそのころは」

「例えば、どんな場面で？　あ、嫌なら、言わなくていいんですけど」

「そうだなあ、あからさまにこっちに向かって〈チャイニーズ〉って侮辱するように言われたり、レストランなんかで、席はいくつも空いているのに、わざわざトイレの近くの席に案内されたり……まあ、いろんなことがあったよ。相手と普通に話していても、〈この人は自分を見下しているな〉って感じることってあるじゃない、やっぱり」

「ええ。感じますよね。そういうこと」

「まあ、しょっちゅうではないし、危険な目には遭わなかったからいいほうだと思うけど。どこの国に行っても差別する人はいるよね」

「OSHO WORLD」より

「やっぱりあるんですね、そういうこと」

「でも、たまにだけどね。今はだいたい優しくて親切だよ。ヨーロッパのどこに行っても」

　木村さんはいろんなことを考えている知的な人。話していると勉強になるし、楽しい。

ＯＳＨＯが目の前にいる！

1月26日
　朝、アシュラムへ行き、ダイナミック・メディテーションのあと、ＯＳＨＯの講話を聴きにブッダホールに行く。いよいよＯＳＨＯに会える。えんじやオレンジ色に身を包んだ数十人のサニヤシンたちがあぐらをかいて瞑想をしながら待っていた。しばらくすると白塗りのロールス・ロイスが現われ、緑に囲まれたブッダホールの奥に停まった。

ＯＳＨＯだ！　ＯＳＨＯが車から降りてきた。

真っ白なローブを着てゆっくりと。白髪交じりの長い髪、長いひげをたくわえて……写真と同じ。本物だ。大きな目。すごいオーラ。威厳がある。あのＯＳＨＯがいま目の前にいる！　夢のようだ。

ＯＳＨＯは椅子に座り、しばらくしてゆっくりと口を開き、言葉を選ぶようにして話し始めた。彼の言葉はインド英語の発音なので分かりやすい。鳥のさえずりの中、彼の言葉が心地よく響く。しばらく聞いていると、親しみやすいおじさんのようにも思えてきた。一言一言がとても大切な言葉に思える。「瞑想」についての講話だった。必死にメモをしながら聞き入った。ＯＳＨＯの言葉を記す。

瞑想とは、ただ現われていないものに波長を合わせることだ。
肉体はそこにあり、あなたはそれを見ることができる。
心はそこにあり、あなたはそれも見ることができる。
眼を閉じれば、あらゆる活動、あらゆる働きをしている心が見える。

思考が通り過ぎてゆく。

欲望が起こってくる。

記憶が浮かびあがってくる。

そこには心のすべての活動があり、あなたはそれを見守っていることができる。

ひとつ確かなのは、見守る人は心ではないということだ。

心の活動に意識的になっている者、それは心の一部ではない。

見守る人は分離し、目撃者は分離している。

この目撃者に気づくことが、本質的なもの、中心にあるもの、絶対的なもの、変わらないもの。

それを見つけることだ。


うーん、難しい。どう受け取ればいいのか。

肉体は見える。心の動きも分かる。思考、欲望、記憶を見守ることもできる。しかし「見守る人は心ではない」……ここが分からない。

たしかに、考えればそうかもしれない。見られているものがあれば、見ているものがいる。分かる気もするが……実感できるかというと、できない。

ＯＳＨＯは「見守る人」を「witness」と表現した。携帯用の辞書で調べると「目撃者」とあった。「目撃者」に気づくこと。それが変わることのない本質を見つけることだと。自分のなかの目撃者を感じようとしてみる……やはり、できない。

もう一度考えてみよう。思考が、欲望が、記憶が次々と私の心に生まれてくる。それらを意識している自分が目撃者なのだろう。たしかに、それらを受け止める受容体のような存在がなければ感じることはできない。その一番奥にいる自分に気づけ、と言っている。

なんだか、ガンダムとガンダムを操縦している人間——のようなイメージが浮かんできた。自分と、自分を操縦している目撃者——を意識してみる。ふーん……やっぱりできない。

「現われていないものに波長を合わせる」には、そのための修行が必要なのだろう。

「中村くんは、大学生でしょ。どういういきさつで、ここに来たの？」

「私ですか。そうですね……一浪して京都のある大学に入ったんですけど、あんまり面白くなくて……。あ、心理学を専攻しているんです。ユングが好きで。でも、授業はやっぱり面白くなくて」

「へえ、そうなんだ。僕もユングは好きだよ。いいよね。それで……」

「そんなこんなしているうちに彼女に振られて……ハハ。投げやりになって、大学行くのが嫌になっちゃったんです。

そんなとき大学の構内に〈韓国ワークキャンプ5万円〉っていう貼り紙があって、これだ！　と思って行ったんです。それがすごく楽しかったんですね。そこで友達になった人の下宿でＯＳＨＯの本と出会って……読んだら、天から降りてきた言葉のように感じたんです。なにか魂から呼ばれているような気がして……それで〈次はインドだ！〉って。なんか、勢いで来ちゃった感じです」

「そうなんだ。面白い。でも一冊の本との出会いで、ここまで来ちゃうっていうのは、それこそユングのいうシンクロニシティかもしれないね」

「ええ、そうかもしれないですね。……そういうのがときどきあるんですよ。何かに呼ばれるっていうか……。

大学に入ったばかりのころ、図書館で新聞を読んでいたら、紙面の隅っこに衣笠泰介っていう画家の個展の記事があったんです。で、その人の『銀座四丁目』（カバー絵）っていう絵の写真が、ほんとに小さいんですけど載っていて、その絵が頭から離れないんですよ。そんなことは初めてだったんですけど、居ても立ってもいられなくなって、授業をさぼって京都の西堂町にあるギャラリーへ行ったんです。

そしたらやっぱりその絵がすごくて、いのちの光が降り注いでいるような気がしたんですね。もう、どうしても欲しくなって……ぜんぜんお金ないのにね、なんとかローンにしてもらって、買っちゃったんです。

なんか衝動っていうか、自分でも信じられないことしちゃって。そういう偶然の出会いというか、何かに突き動かされることってあるんですね。たしかに……シンクロニシティなのかもしれませんね」

「うん、きっとそうだと思うよ。でもすごいね。そんな絵、見てみたいね……僕もここに来たのはシンクロニシティかもしれないな」

「木村さんは、どんなきっかけでアシュラムに来たんですか」

「うん、この間少し話したように、ひとりでヨーロッパに来て、ずいぶんつらい時期もあったんだけど、通訳の仕事で食べていけるようになってからは結構順調だったんだ。日本人の通訳って思ったほど多くないし、ニーズはどんどん増えていったし、僕は、いろんな経験をしてきたから話題も豊富だったからね。イギリス政府関係の通訳の依頼も来るようになって結構忙しくなったし……まあ、気を使うことも多いけどね。ずーっと忙しく働いてきたんだよね。

で、１年ぐらい前だったかなあ、ドイツ人の友達と話していたら、ドイツの国会で、イ

ンドのＯＳＨＯのアシュラムに行って帰ってこない若者のことが問題になっているってい
う話を聞いたのね」
「え、そんなことが国会で取り上げられてるんですか」
「うん。そうなんだ。まあ、それだけ多くのドイツの若者が来てるんだろうね」
「へぇ」
「いつもだったらそんな話題、気にもしないんだけど、なんだか頭に残ってね。もう、何
年も前になるけど、ビートルズのメンバーがインドのマハリシ（マハリシ・マヘーシュ・ヨー
ギー　１９１８年～２００８年）のところに行って、すごく影響を受けたってことがあったじ
ゃない。
　そのときは気にならなかったんだけど、今回はなんか気になって、頭から離れなくって。
ＯＳＨＯってどんな人なんだろうって本を買って読んでみたんだ。……そしたら、さっき
の中村くんの天からの啓示じゃないけど、〈これだ！〉って思っちゃったんだよね」
「やっぱり木村さんの心が欲していたところに来たんでしょうね。それもシンクロニシテ
ィなんでしょうね」
「うん。そんな気がするね。僕はあまり宗教的な人間じゃないし、スピリチュアルなこと
にも興味はない人間だと思っていたんだけど……〈あ、この人の言っていることは真実

だ〉って感じちゃったんだね、そのとき。うーん、やっぱりシンクロニシティだね」

アシュラムに来たわけ

私にもＯＳＨＯのアシュラムに来た理由があった。

高校３年生になった私は、大学受験を考えるようになった。しかし困ったことに、これを勉強したいとか、こんな職業に就きたいとかいう思いが生まれてこなかった。

世間は豊かさへ向かって進んでいた。私たちのひとつ上の団塊の世代は熱い時代、激動の時代。学生運動が盛んで、青春の熱量(エネルギー)をぶつけていた。しかし、私たちの時代はそれがすっかり覚めて、一流大学、一流企業に入ること、金をもうけること、それが価値――という時代になっていた。

心のなかには、どこか足りない、生きていることが苦しい感じがあった。ほどほどにいい子を演じ、仮の自分を生きているような感じ。他人の人生を生きているような、そんな感覚。情熱を傾けるもののない空虚感。

家の中ではアルコール依存症の父の暴言。それに揺れる母の心。その心を飲み込んできた私は、いつか自分が崩れていくような不安をもっていた。

そんな感覚を抱えた私は、物質的な豊かさを追う世の中に興味をもつことができず、厭世的だった。いつか亡びゆく自分。そんな人生を生きて金をもうけても、どんな意味があるのだろう。自分を救い、満たしてくれるものが欲しい。人間を超えた何か別の存在になりたい……そんなふうに思っていた。

空虚や不安を埋めてくれる何かを求めていろいろな本を読んだ。カフカ、カミュ、ヘッセ、ドストエフスキー、寺山修司、安部公房。それぞれに刺激は受けたものの、いったい自分はどうしたいのか分からなかった。どこかおかしいのではないかとも考え、心理学の本も何冊か読んだ。河合隼雄が著した『ユング心理学入門』（培風館）を読んだとき、何かを感じた。私なりに理解したのは次のことだった。

――私たちが「これが自分」と感じている自我は、「無意識」のほんの表層にある「意識」にすぎない。「意識」の下に広がる「無意識」にこそ、生き生きした生命力や個性、時間や合理性を超えた世界が広がっている。本来の自分は、自分の知らないところにある。

「無意識」のなかには、社会の良識や親のしつけに由来する価値体系から「悪」とされたものが「影」となって封印されている。その影が集団として動きだしたとき、いじめや民族紛争などを起こす。

人は「無意識」のなかにある「本来の自分」や「自分の影」と向き合い葛藤することで、それまでの自分を破壊し、新たに創造していく。そのように自己（セルフ）の統合をめざしていくことが人生であり、その過程を個性化（自己実現）という――。

何か大切なヒントがあるような気がした。心理学を学び、「本来の自分」と出会うことが、自分の救いになるかもしれない。自分の居場所が見えてくるかもしれない、そんな気がした。

結局、一浪して京都にある大学の心理学部に入った。付き合い始めていた彼女がいたが、京都に来たことで物理的な距離ができたこともあり、振られた。好きだっただけにショックで、「足りない感覚」に追い打ちをかけた。

魂が抜けたようになっていた１回生の夏休み、大学の構内に貼られた１枚の小さなポスターが目に入った。「韓国ワークキャンプ５万円」。よく読むと「韓国のハンセン病回復者の定着村」での労働奉仕。

半分やけになっていたこともあって、「５万円！　行くしかないでしょ」と事務局に連絡をとった。事前講習を受け、メンバーとともに北九州からフェリーでプサン港へ、バスでテグを経て、テジュン近くの村に。

韓国は、なぜかなつかしさを感じる場所。風景や自然が日本に似ていて、20~30年前の日本はこんな感じだったろうな、と思った。定着村は町から離れたところにポツンとあった。道ばたに、小さな八百屋が一軒。赤い唐辛子(とうがらし)が山のように積まれていた。日本人メンバーは20代と30代。学生もいれば、社会人もいた。韓国の大学生グループとのジョイントで、10日間、空き家でのキャンプ生活。仕事は上水道を引く工事の手伝い。暑さのなか、つるはしなどで穴掘りをするきつい作業。

食事の準備は女性が中心で当番制。最初の夕食で出たキムチがとても辛かった。汁物をのむと、それも辛かった。これには参った。しかし食べ続けると慣れ、うまさに変わった。肉体的にはしんどい日々で、多少ごたごたもあったが、刺激的で楽しかった。特に面白かったのが、日本側の個性豊かなメンバー。やはりこういうところに来るぐらいなのでみんな変わっていた。学生リーダーの山崎さん。明るくおおらかで、どこか抜けていて親しみやすい人。社会人の人たちは、それぞれの考え方、生き方に筋が通っているような人たち。大学よりも、こっちのほうが楽しいなあ……そう感じていた。ワークキャンプが終わり、韓国の学生の家を訪問したり、ソウルで数日過ごしたりした後、帰国。

個性豊かな人たちとの生(なま)の関わりの楽しさ。新しい世界への扉が開いたような感覚。すっかり大学へ行く気が失せていた。夏休み後も大学には行かず、ワークキャンプで一緒だった野口さんが勤める山科（やましな）の工務店で働くことにした。車の免許を取ったばかりだったが、いきなり4トントラックの運転をして、現場作業へ。

仕事は大変だったが、充実していた。工務店のメンバーも個性あふれる人たちだった。ワークキャンプで知り合った山崎さんともよく遊んだ。山崎さんが住む下宿は、昔は旅館だったという古いながら立派な建物。仲間とオモチャの銀玉鉄砲で撃ち合いをしたり、韓国語講座をやったり、太極拳をやったり……興味のおもむくままに過ごしていた。

ＯＳＨＯ（バグワン・シュリ・ラジニーシ）の『存在の詩（うた）』（星川淳訳　めるくまーる）と出会ったのはそのころ。山崎さんの部屋に無造作にあった。分厚くて、表紙がかっこいい。山崎さんが「もう読んだから、もっていっていいよ」と言うので、喜んでもち帰った。

読んで驚いた。今まで読んできた本と全然違う。魂から呼ばれたような、天から降りてきたような言葉が聞こえてきた。

『存在の詩』は、チベット密教の奥義「マハムドラーの詩」を題材に、「宇宙と一体になり、存在の大洋に還（かえ）る」ことをテーマにＯＳＨＯが語った本だった。

ＯＳＨＯは言う。

闘う必要なんかない。泳ぐことすら必要じゃない。
ただ流れといっしょに漂うのだ。
「川」はひとりで流れている。
「川」とともにくつろぐこと、それがタントラ（聖典の教え）だ。

ひとつの想いが過ぎる。もうひとつが来る。
その切れ目……その切れ目を見続けるのだ。
雲のうしろにある、隠された空を見続けるのだ。
……ただ目撃者だけが本物。あとのすべては夢なのだ。

自分という意識が生み出した思考は、ただのエネルギーだ。
自分ではない。

一滴の海水の中にも、海の成分はそっくり見られる。もし一滴の海水を理解すれば、あなたはすべての海を理解したことになる。過去も未来も現在も——。

なぜなら、その一滴は海のミニチュアだからだ。そして、あなたはミニチュアの形をした「全体」なのだ。

今まで考えたこともなかったことばかり。理解できないことが多かったが、なんとなく真理だと感じた。すごい本に出会ってしまった。興奮した。

結局私は夏休み以降大学に行かず、工務店で働きながら、野口さんや山崎さんたちと遊んだり酒を酌み交わしたりする日々。あるとき野口さんに「今度はインドに行こうか」と誘われた。そうか……インドに行けばＯＳＨＯに会える。ＯＳＨＯに会いたい！

真理を学びたい、虚ろな自分を変えたい。本当の自分と出会いたい……。

そんな思いが押しよせてきた。以来、心のなかでインド行きを決めていた。結局ひとりでインドに行くことにした私は、１９８１年1月、インドへ向けて飛行機に乗り込んだ。

「目撃者になる」

1月27日

朝、眠たかったが、アシュラムに出勤する。えらい。

今日のＯＳＨＯの講話は、
「witnessing（目撃すること）」について。
メモをしたＯＳＨＯの言葉を記す。

あなたが「自分の行為」「自分の思考」「自分の感情」に気づきはじめたとたん……
それらこそ、〈気づき〉が適応されねばならない３つの次元だ。
歩くときは、自分が歩いていることに醒めていなさい。
ひとつひとつの仕草に意識を張り巡らせていなさい。
食べるときは、〈気づき〉とともに食べなさい。
ただ内側に食べ物を詰めこみ続けてはいけない。
考えるときは、自分の思考、欲望、夢のプロセスを目撃していなさい。
感じるときは、これらの感情、これらの気分は自分ではないと少し気づいていなさい。
あなたはただ純粋な〈気づき〉以外の何ものでもない。
あなたは肉体ではなく、思考（マインド）ではなく、感情（ハート）でもない。
あなたは第四のものであり、目撃する者なのだ。
そしてこの第四のものを味わいさえすれば、どこにいようと——たとえ地獄にいようと

——あなたは天国にいる。


昨日の続きのような話。別の言葉で表現していた。

３つの次元——「自分の行為」「自分の思考」「自分の感情」

それらに気づくこと、それらに醒めていること、それらのプロセスを目撃すること。

つまり、それらは自分ではないから距離をおけ——と言っている。そして第四のものを味わえと言っている。

第四のものとは、witnessing（目撃すること）。

それができれば、世俗の苦しみのなかでも平安でいられる、ということなのだろう。

言っていることは分かる気がする。しかし目撃者でいることなどできるものだろうか？

修行すればできるようになる？　とにかくやってみるしかない。ここにいる間、集中してやってみよう。

自分がしていることに醒める。自分の思考のプロセスを目撃する。感情や気分は自分ではないと気づく。そうして第四のもの「目撃者」になる。

うーん、とにかく今まで自分だと思っていたものを切り離すことを意識してみよう。

ハットに戻って、実家に手紙を書く。30分ほど『パパラギ』を読んでから、13時ごろハットを出る。アシュラムのポストに手紙を投函し、フレッシュジュースとカスタードケーキの昼食。

アシュラムの食堂はベジタリアン向けの食事だけ。味も薄い。アシュラム内は、たばこ、ドラッグ、アルコール、動物食すべてが禁止。白人がほとんどなので、インドの自然に囲まれた健全なヨーロッパ解放区という感じ。

夕食後、木村さんと話す。

「ここがいいのは、生を肯定しているから」

「昨日、木村さんは、ＯＳＨＯの本を読んで〈これだ！〉って思ってアシュラムに来たって言ったじゃないですか」

「うん」

「ＯＳＨＯの言葉のどんなところに〈これだ！〉って感じたんですか？」

「うーん、そうだねえ。どこから話そうか……。簡単に言えば、キリスト教と違って、〈生を肯定している〉っていうところかな」

「はい」

「僕は日本人で、それまで日本っていう、いってみれば仏教的な考え方、仏教的な環境で過ごしてきたわけ。でも、ヨーロッパの文化ってキリスト教がベースでしょう。

人々の暮らしはキリスト教文化に根付いているし、彼らと話をしていると、話の端々（はしばし）にキリスト教的な価値観を感じるわけ。知らず知らずのうちに、キリスト教がどういうもので、クリスチャンはどういうことに価値をおいているのか、それを感じるの」

「はい」

「マックス・ウェーバーっていう社会学者の有名な学説があってね。プロテスタントは〈現世で、神から与えられた職業に全力を尽くすことで、来世の天国が約束される〉っていうふうに考えていたんだって。つまり、〈お金を儲け続けることで天国に行ける〉っていう考え。それが〈もっともっと〉っていう、今の強欲な資本主義の精神の元になっているっていう説なんだ。

その説から分かるように、クリスチャンにとっての現世は、来世のためにこそあるわけだ。もちろん、そう考えていない人もいるけどね。

ブッダはブッダで、この世は〈苦〉であり、そこからの解脱を説いているよね」

「そうですね」

「ＯＳＨＯも解脱は説いているけど、いいなって思うのは、この世を肯定しているじゃない。〈この世こそ神秘だ。楽しみなさい。自分に正直にいなさい〉って。それがすごく新鮮で、感動しちゃったんだよね」
「へえ、そうなんですね」

「イエス・キリスト以降で最も危険な人物」

1月28日
今日から木村さんはアシュラムのグループセラピーに参加。4日間、アシュラムで寝泊まり。こちらは朝からアシュラムに行き、ダイナミック・メディテーションをしたあと、そのままOSHOの講話を聴く。
今日の話は、キリスト教は「イエスの宗教」ではなく、「イエスを手本として彼に従う宗教」になり、大切なものを見失ってしまった——といった内容だった。忘れないうちに簡単にまとめておく。
OSHOは言う。

「もし誰か手本となる人物に従おうとすれば、あなたは必ず模倣的になり、偽物になり、真正さを失い、もはや自分自身ではなくなってしまう。イエスのようになることはできない。そこで罪の意識が芽生えて、やましさを覚える。キリスト教ほど世の中に罪悪感を生み出した宗教はない。

　真の宗教はあなたを元気づけ、あなたを豊かにし、喜ぶための可能性を作り出すものだ。イエスは弟子たちに言い続けた〈喜びなさい！〉。ところがキリスト教は正反対なことをしてしまった」


　OSHO、さすが、するどい。

　イエスの宗教はイエスでおしまい。ブッダの宗教はブッダでおしまい。あとは人間という組織が作ったもの。本当の宗教は個人で完結するものなのだろう。

　それにしてもOSHOは既存の宗教を容赦なく批判する。凝り固まったその固定観念や伝統を。

　OSHOは仏典、聖典、禅、タオ、ヨーガなど、さまざまな教典を題材にしながら、人間の意識の覚醒を説く。知性的に、私たちの仮面（ペルソナ）を剥（は）がし、白日の下（もと）にさらす。

　だれも口にすることができないタブーをあえて言い、私たちの幻想を打ち砕き、その愚かさを顕（あらわ）にする。刺激的に、挑発的に。容赦のない、しかしその美しい言葉に、私は参ってしまう。

たぶんそれは、彼の言葉が真理に満ちており、そこに愛を感じられるからだろう。長い間、人間たちがエネルギーを費やしてきた宗教や哲学の問題を、彼のように分かりやすく、しかも遊びに満ちた語り口で説いている人は他にはいないだろう。

ＯＳＨＯが「生きているブッダ」と呼ばれるのもうなずける。「イエス・キリスト以降で最も危険な人物」とも呼ばれるのもうなずける。別の世界からこの地球に舞い降りてきた人なのかもしれない。

２月２日から、Inner Journey（内なる旅）。

２月７日からの、Enlightenment Intensive（集中的な啓発）のグループセラピーを予約する。いずれも４日間。

1月29日

朝からアシュラムへ行き、ルーティンのダイナミック・メディテーションをしていると、初めて自分のなかから悲しみや怒りが込み上げてきた。「アーッ、アーッ」と叫びながらこぶしを握りしめ、両腕を何度も上下させ、その苦しさを外に出そうとした。

そのステージが終わると、少しすっきりして、呼吸が深くなった感じがした。どこから来た怒りだったのだろう？　両親との関係？　それとも、もっと無意識の奥にある根源的な悲しみ？　どちらにせよ、抑圧してきた感情を解放したらしい。少し楽になった。
木村さんが、「いろいろな感情が出てくるから、その感情をちゃんと味わったほうがいい。自分のなかにその感情があることを許すんだよ」と言っていた。意識してやってみよう。

少し休んでからＯＳＨＯの講話を聴いた。今日は「老子」を題材に〝二律背反〟についての話。メモが取れたＯＳＨＯの言葉を記す。

老子は言う。
「あなたが秩序のことなど考えだした瞬間、無秩序が起こる。
あなたが神のことなど考えた瞬間、もうそこに悪魔がいる」
なぜなら、
考えるというのは、反対のものに対してしか成り立たないからだ。
考えるということは、二元対立についてしかあり得ない。
考えるということは、そのなかに深い二律背反を含んでいる。

考えるということは分裂症的なもの。
それはひとつの分裂現象なのだ。

「あの子かわいい」「この人は善い人だ」「この器、センスがない」そんな風に私はいつも他人や物を評価し、価値をつけている。瞬間的に、無意識のうちに。

かわいい子がいるのならば、当然かわいくない子も私のなかにある。善い人がいるのならば、当然悪い人もある。どちらか一方では存在し得ない。考えるということは、その瞬間に二元対立、二律背反を自分のなかに作っているわけだ……。

私は善き人になりたいと思って生きてきた。親にも学校でもそう習った。自分のなかに悪があるとしても、どう付き合うかは習わなかった。きっと世界中で、「悪」はあってはいけない、「正義」でなくてはいけないと教えられているのだろう。それも一方的な「正義」を。それゆえ人類のなかで「悪」は抑圧され、虐殺などの極端な形となって現われてくるのかもしれない。

ハットに帰って少しぼんやりしていると、ひとりの白人男性が村の子どもたちに連れられて「ハロー」と声をかけている。何だろうと思ってドアを開けた。彼は「ハットを買ったのだが、まだできていないので、荷物を置かせてくれないか」と言っているようだ。ＯＫして、「何時ごろ帰ってくるのか」と尋ねると「6時か7時ごろになる」と。

彼はオランダ人。名前は「Ｐ・ｉ（ピー）」。アムステルダムに住んでいるそうだ。「妻とは別れた。アムステルダムに子どもがひとりいる」と、子どもと一緒の写真を見せてくれた。素敵なお父さんといった感じ。41歳。ていねいで、穏やかな人。日本の文化にとても興味をもっていた。

会話のなかで彼がしきりに「ファンコ」「ファンコ」と言う。しばらく何を言っているのか分からなかった。あっと思いついて「耳を切った男の人？」と聞くと「Yes, Yes」と言う。「ファン・ゴッホ」のことだ。いやあ、本当はそう発音するんだと新たな発見をしたような気がした。彼は、ゴッホやセザンヌたちは皆、日本に影響を受けているということを熱く語り、日本は「very deep」だと言った。日本のことを褒められると悪い気はしない。一晩泊っていった。

1月30日

朝、アシュラムに出勤。ダイナミック・メディテーションのあと朝食。

ＯＳＨＯの講話を聴く。今日のテーマは「反対は補足である」

メモした言葉を記す。

反対は、本当に反対なのではなく、補足だということだ。
それらを分けないこと。
区分けは虚構だ。
それらはひとつなのだ。
それらは互いに依存し合う。
どうして愛が憎しみなしに存在できよう？
どうして慈しみが怒りなしに存在できよう？
どうして生が死なしに存在できよう？
どうして幸せが不幸せなしに存在できよう？
どうして天国が地獄なしに可能なものか？
地獄は天国の反対じゃない。
そのふたつは補い合うものだ。
そのふたつは一緒に存在する。
実際のところ、それらは同じコインの表裏にほかならないのだ。

選ばないこと。

両方を楽しみなさい。

両方がそこにあるのを許しなさい。

そのふたつの間にハーモニーを作るがいい。


「天国と地獄。両方を楽しむこと。両方がそこにあるのを許すこと」

たしかにそれは真理なのだろう。直感でそう感じる。

しかし、そんなことが私にできるだろうか……。

天国は楽しめるだろう。しかし憎しみ、怒り、死、不幸せ、地獄をどう楽しめばいいのか、どう許せばいいのか……。

しかし、何かキーとなるものがあるような気がする。

生をトータルに受け入れる。それが老子やOSHOの特徴なのだろう。

イエスやブッダとの違いはここにありそうな気がする。

ハットの近くにあるバンヤン（ベンガル菩提樹）の大樹やフェンスの上で、リスたちが追いかけっこをして転げ回るように遊んでいる。

ハットにいると、「パパイヤー、チクー、オレンジー、ウオーターメロン……♪」と、サリーを着た女性が、頭の上にパパイヤやスイカなどを入れたかごを乗せて売りにくる。

「ハロー、スワミ（聖なるお方）」

ここでは、赤い服を着ているとみんなスワミとなってしまうらしい。ちなみにスワミはOSHOの弟子（サニヤシン）になったときにもらえる名前の前につく言葉。

「ハロー、ジャパニ（日本人）」

村の子どもたちもひっきりなしにハットの窓から顔を見せる。相手をしていると、きりがない。「水はいらないか」「ミルクはどうだ」「洗濯物はないか」「チャパティはいらないか」「ゴザはいらないか」……落ち着いて本を読むのは至難の業（わざ）だ。

1月31日

今日のOSHOの講話は「布袋（ほてい）さま」について。

興味深い内容だ。日本人の私も知らないことばかり。改めてOSHOの知識には脱帽。しっかりメモできなかったので、大まかな内容を記しておく。

「ホテイは『笑い仏』と呼ばれる、日本で愛されている神秘家のひとりだ。彼が悟りを開いたとき、ひと言も話すことなく、ただ笑い始めた。そうして彼は村から村へと歩いた。村人が集まってきて、笑いが伝染していった。村人みんなが笑った、理由もなく。ホテイはバカのような奇妙な男だった。でもみんな笑った。人々はホテイが来るのを待った。村人たちは、今まで全員でこんな風に笑ったことがなかったから。

笑ったことで彼らの感覚がよりクリアになり、彼らの存在全体が明るくなったから。まるで大きな負担がなくなったかのように。

……ホテイは悟りを開いたあと約45年間ただひとつのことをした。それは笑うこと。それが彼のメッセージだった」

ＯＳＨＯは言う。

「笑いは開花であり宗教の本質だ」

「笑え、歌え、踊れ　Dance your way to God」

すてきだなあ……。

仏教にしろ、キリスト教にしろ、宗教には深刻さが漂う。でもＯＳＨＯは、

「深刻さは決して宗教的ではない。宗教は人生を祝うことだ」

「まじめさはエゴ、まさに病気の一部であり、笑いは無我である」


と言う。いいなあ……。

でも、染みついた深刻さやまじめさは簡単にはやめられないんだなあ、これが。

なんだかアホのような置物のホテイ様がこんなに偉大な人だったとは……知らなかった。

早朝、まだ霧が深い時間。村人たちはあき缶などの容器に水を入れたものをもって、私のハットがある広い原っぱに繰り出してくる。あっという間に、大地は巨大な便器と化してしまう。ウンコだらけ。しかし、灼熱の太陽はすぐにそれを大地に戻してしまう。自然の営みだ。

ハットの周りは、1日中にぎやかだ。子どもたちの声、「パターン、パターン」と布をたたく洗濯の音、機関車の走る音、「ウウ〜」と、なぜかいつも中途半端な時間に鳴るサイレン。毎晩「お祭り」のようにけたたましく鳴り響くインドの民謡。

でも、不思議となつかしい感じがする。

貧しいけれど、インドの村には明るさとエネルギーがあふれている。

夕方、木村さんが帰ってきた。

明日から別のグループセラピーに参加するので、また４日間不在とのこと。帰る予定日が迫っているせいだろうか、木村さんはとても精力的。私とは気合が違う。でも、さすがに疲れたようで、すぐ寝てしまった。

ツイアビの言葉

2月1日
夕方、ハットのオーナー、ラジープさんの息子サンジェくんが来て「今晩、家で夕食を一緒に食べよう」とのお誘い。家に伺うと、ラジープさんのご両親が座っている居間に通された。挨拶をすましてアシュラムの話をしていると、奥さんが夕食をもってきてくれた。大きな銀のプレートにチャパティ２枚と山盛りのライス、丸い器には野菜カレー。床に置かれたプレートから手を使ってカレーとライスを混ぜて食べる。
「とてもおいしい！」と言うと、みんなニコッ。久しぶりに食べる家庭料理、ほんとうにおいしかった。やはりみんなで話をしながら食べるのは楽しい。

奥の台所で音がしたので目をやると、奥さんが怒鳴って何かを投げつけていた。奥さんの前にはひとりの女性がしゃがんでいる。色あせたサリーから棒のようなか細い腕がのぞいていた。ハリジャン（インドのカースト制社会の中で、カースト外に置かれた被差別民）のお手伝いさんなのだろうか。インドにはカーストに入れず差別されているハリジャンが1億人もいるという。

何ごともなかったように居間に現われた奥さんは、普段の優しい口調に戻っている。そのギャップが私を動揺させる。彼女にとってはハリジャンのお手伝いさんを怒鳴ることは「普通のこと」なのだ。改めてインドの現実を見せつけられたような気がした。

インドには目を覆いたくなるような現実が山ほどある。しかし私にはどうすることもできない。どれほど胸を痛めても、私はただの偽善者にすぎない。

インドにはこんなにも神様があふれているのに、神様は何をしているのだろう……やるせない思いがこみ上げてきた。

『パパラギ』を読み終えた。私のなかではＯＳＨＯの本と双璧をなす本かもしれない。表現はつたないが、真実が感じられる文章だ。ツイアビのまっさらな目を通して見えたのは、物質を求めて「大切なもの」を置き去りにしたパパラギ（文明人）の姿だった。彼の言葉は、痛烈な文明批判であり、生の讃歌でもある。その根底に流れる感覚や思想はOSHOのそれに通ずる。心に残ったいくつかの言葉。

　パパラギは、行く先々で自然の大きな力が作った物をこわしてしまったあと、こわした物を自分の力で生き返らせようとしていた。そうやってたくさんの物を作ったので、パパラギは自分が「神様」になったと思いこんでしまったのだ。

ツイアビはそんなまやかしの「神様」ではない。まだ自然や大いなるものとつながっている人間、「はじめの人間」だ。その生（なま）の感覚から言葉が生まれてくる。

　ある男が、「私の頭は私の物だ」と言ったとする。そのとおりだ。それについてだれも文句はいえない。手も足もその人の物だ。だが、それだけではなく、パパラギはこうも言う。
「この椰子（やし）は私の物だ」
椰子が彼の小屋の前に生えているからそう言うのだ。まるで椰子の木を自分で生やしたように。椰子は、だれの物でもない。椰子は、自然の大きな力が作った物ではないか。

たしかに。考えてみれば、そのとおり。それが本当だ。

人間は勝手に決まりを作って、「所有」という幻想を作ったのだ。そして、より多くを所有したいという欲が生まれ、自らを悩ましているのだ……。

ツイアビは私たちが「当たり前」だと思っていることを、シンプルな言葉でくつがえしてくれる。というか、「当たり前」などないのだと教えてくれる。その言葉は、ＯＳＨＯの言葉と同じ。何が大切なのか、本質は何なのかを教えてくれる。

しかし、自分を一度「神様」と思ってしまったパパラギである私たち。そんな私たちは、そう簡単に「はじめの人間」には戻れない。どうしたら、まやかしのこの世界で、輝きをもって生きていくことができるのだろうか……？

（第2章）

内なる旅へ

グループセラピー

2月2日

Inner Journey（内なる旅）のグループセラピーが始まった。4日間。

（1日目）

1・歩きながら、目が合った相手としばらく見つめ合う。

2・相手を見つけ、少しの時間コミュニケートする。

3・相手を見つけ、互いの手のひらを合わせ押し合う。

4・8人、9人、10人…で、貨物列車のようにつながる。

5・輪になって英語のしりとりをする。

6・OSHOの講話のテープを聞く。

けっこう、どきどきする。いろいろな国の人と気持ちが通じ合うのはうれしい。新鮮な体験だった。多くがヨーロピアンだったが、数人、日本人もいた。

実家に国際電話をかけるために電話局へ行った。電話局の前にひとりの男がいた。彼は

1日中そこにいるらしく、病気をもっているようだった。電話局に来る人たちにペンを貸そうとしたり、頼まれもしないのに自転車を磨いたりして、バクシーシ（ほどこし）をもらおうとしていた。

電話がつながるまで私は1時間ほどその近くにいたが、彼は1銭ももらえないようだった。私が帰りにバナナを1本渡すと、もっとよこせと仕草で示した。インドにはこんな男が多い。公園などに行くと頼みもしないのに案内を買って出て、付いてきたりする。そのあとで金をくれと言う。

そういえばムンバイではタクシーが道に止まると、細い腕で赤ん坊を抱いた母親や腕や足をなくした人たちが、「バクシーシ」と言って車の窓に向かって手を出してきた。都会にはハリジャンがあふれていた。あまりの光景に言葉を失う。靴の中に小砂利が入っているような、そんなザラザラした気持ちが続いた。

グループセラピー初日で緊張したのか疲れた。早めに休む。

2月3日

Inner Journey（2日目）

1・腕をリラックスさせ、深呼吸する。

2・ペアになり、アシュラムに来た動機と、これからどうするかを語り合う。
3・ゆっくり、ゆっくり歩く。意識は足と呼吸に。
4・3人グループになって「金」「セックス」「ドラッグ」について語り合う。
5・4人の身体を使って「椅子」を作る。6人、8人……で「椅子」を作る。
6・自分の抱えている問題を話す。
7・パートナーを見つけ、相手の身体を使って、思い思いの「像」を作る。
8・OSHOの講話のテープを聞く。

今日のOSHOの講話はよく聞き取れた。「人は誰かさんになりたがる」といった内容だった。メモを取ったOSHOの言葉を記す。

それが自我（エゴ）の何たるかだ。
いつも、何か特別な〈誰かさん somebody〉でいようとする。
いつも、〈誰でもない人 nobody〉になるのを恐れている。
いつも、空白を恐れている。

不幸せというのは自我の影なのだ。
野望に燃えた心（マインド）の影なのだ。
不幸せとは、あなたが何か不可能なことをやっているのを意味する。
そして、それがかなわないために、あなたは不幸せなのだ。
あなたは何か不自然なことをやっている。
必死になってそれをやり、
そして、失敗する。
あなたは欲求不満を感じ、不幸せになる。

あなたは誰でもない。
あなたは誰でもないものとして生まれた。
何の名前もなく、
何の形も。
あなたは誰でもない人として死ぬだろう。
名前や形はただ表面にあるにすぎない。

たしかに本来、私たちは誰でもない存在だ。生まれたときは名もない赤ん坊。それが成長すると、自分を価値ある存在として認めてもらいたくなる、知ってもらいたくなる。承認欲求や権力欲が「誰かさん」になることを欲するからだ。そして、それがかなわないと不幸せだと感じる。

結局、自分の欲求、自分のエゴが不幸せや悩みを作る。しかし名誉を得たとしても、その時代の人間社会が価値づけただけの「誰かさん」だ。それはいつも揺れ動く心許ないもの、いつか忘れ去られてしまうもの。

しかしそれが分かっていても、人間は自分の爪跡を残したい。自分が価値のある存在だと思いたい。それは本能のようなもの。

「誰でもない人」になること……人間は、それを受け入れられるだろうか。

誰にも価値を認められないデクノボーとなること。それを勇気をもって選択すること。

宮沢賢治の「雨ニモマケズ」は美しい。しかし、そんなことができるものだろうか……。

2月4日

Inner Journey（3日目）

1・座って手を揺らし、大きく呼吸する。

2・ストレッチをしながら深く呼吸する。
3・4人で瞑想について話し合う。
4・ペアになり、目の前に鏡があるかのように、相手と同じ動作をする。
5・自分のことを「彼」として、「彼」を主語にして（三人称で）相手に話す。
6・数人の相手とアイコンタクトする（リラックスして、呼吸に意識をおく）。

けっこう慣れてきた感じがする。

相変わらず恥ずかしさはあるが、緊張がおさまってきた。今日は、それほど抵抗なく相手に向き合えた。このグループセラピーは、人間に慣れさせ、心を解きほぐすためのものなのだろう。

会話は、相変わらず英語。それも単語が中心。もう3日間ずっとそれ。でも、それなりに英語で話すことに慣れてきたらしい。不思議なもので、アシュラムに来て英語で他人と関わっているうちに、少しオープンな性格になったような気がする。

2月5日

Inner Journey（4日目）

1・ダイナミック・メディテーションについての話。

2・ダイナミック・メディテーション。

3・坐禅についての話。

4・坐禅。

5・クンダリーニ・メディテーションについての話（ＯＳＨＯの講話）。

6・クンダリーニ・メディテーション。


クンダリーニ・メディテーションは初めて。クンダリーニは、ヒンドゥーの言葉で、身体の中にある「根源的な生命エネルギー」の意味。クンダリーニ・メディテーションは、その生命エネルギーを流れやすくするための瞑想。

夕暮れどきに行なうのがよく、１日の疲れをゆるめて手放すのに効果的だという。

（第１ステージ）エネルギーの振動に身を任せる瞑想（15分）。

細かなリズムの音楽が流れる。エネルギーが足元から上昇してくるのを感じ、全身をゆるめて振動させる。身体が解放されて、振動そのものになるように。

（第２ステージ）感じるままに踊る瞑想（15分）。

明るく軽快な音楽が流れる。感じるままに、身体が動きたいように動かして、踊る。

（第３ステージ）座るか立ったままで目を閉じて瞑想（15分）。

静寂のなか、内側と外側に起こっているすべてを観照する。

（第４ステージ）横たわって目を閉じて瞑想（15分）。

静寂のなか、内側と外側に起こっているすべてを観照する。

合計60分。

ダイナミック・メディテーションに比べれば、ずいぶんゆったりした瞑想。身体と心がすっきりした。相変わらず雑念だらけだが、身体を動かしたあとの瞑想は集中できる感じがする。

第１ステージについてＯＳＨＯは「身体の振動を意図しないように。あなたがそれをやってはならない」と言うが、やはり意図してやってしまう自分がいる。

音からのバイブレーションを受け取れるほどピュアにはなれていない。まだまだ「こうしなければ」という思いこみや雑念がある。それが身体の解放を妨げている。

ゾルバ・ザ・ブッダ（仏陀であるゾルバ）

木村さんがグループセラピーを終えて帰ってきた。

ＯＳＨＯの「ゾルバ・ザ・ブッダ」の話が面白かったと言う。

「どんな話だったんですか？」

「あ、ゾルバ・ザ・ブッダ〈仏陀であるゾルバ〉の話ね」

「そうそう、それです」

「『その男ゾルバ』って小説、知ってる？　映画にもなったみたいだけど」

「いや、知りません」

「僕も、名前は聞いたことがあったけど内容は知らなかったんだ。簡単に話すと、ゾルバは貧しいけど、とても自由な男なのね。酒を飲んでは、歌い、踊り、女性を愛し、大変な目に遭うんだけど、それに動じることもなく、そのすべてを楽しんだんだって」

「へえ、ステキですね」

「そう。いいよねえ。でね、ＯＳＨＯは〈New Man〉新しい人間になりなさいって言うのね。その〈New Man〉はゾルバ・ザ・ブッダだって言うの。

　肉体で感じられる感覚や煩悩を楽しみなさい、同時に、大いなる意識、〈目撃者〉でいなさい、ブッダでいなさい、って。五感で人生を楽しみながら、目撃者でありなさい、と言うわけね。なんかね、ストンって落ちた気がしたの。なれるかどうかは別としてね」

「へえ、なんか分かりやすいですね。ゾルバ・ザ・ブッダか……。まさに、ＯＳＨＯそのものなんでしょうね」

「そうそう。そう思うよ」

「なんか今の話聞いてたら、『浮浪雲（はぐれぐも）』を思い出しましたよ」

「浮浪雲って？」

「ジョージ秋山っていう人の漫画なんですけどね。これがまたすごく面白いんですよ」

「へえ、どんな話？」

「なんだかねえ、そのゾルバによく似てて。幕末の話で、品川宿の問屋の主人〈雲〉っていう人が主人公なんです。この雲さんが、いつも女物の着物を着ている遊び人で、女と見れば誰にでも〈オネエちゃん、あちきと遊ばない？〉って声をかけるんですね（笑）。

　常識にとらわれないで、いつもヒョウヒョウと楽しそうにしている。でも、人の心にサッと入っていく感性や優しさがあって、すごくかっこいいんです。〈生きることに意味なし。ただ生きるのみ〉って言ったりして、悟りの境地にいるんですよね」

「そうなんだ。面白いねえ。それ、ゾルバ・ザ・ブッダだねえ」

「そうですね……。意外なところでつながりましたねえ。そうかあ、浮浪雲になればいいんだ。いや〜できないなあ（笑）」

「いや、君ならできるよ（笑）」

「いやいやいや……やってみようかなあ（笑）」

「前もちょっと話したけど、そこがOSHOの面白いところなんだよね。

ブッダみたいに〈この世は苦である〉って考えたり、キリスト教みたいに天国に行くためにこの世を犠牲にするんじゃなくて、この人生そのものが生きるべき神秘だ、って言うところ。〈今を、楽しみながら全力で生きろ〉って言うところ」

「そうですね。そう思います。でも、なかなかゾルバ・ザ・ブッダにはなれませんよね」

「そうね。つまらない常識や自己規制が身についちゃっているからね」

「そうなんですよ。世間の中で生きていく処世術みたいなものがへばりついているんですよね」

「勇気を出して、それをひとつずつ、剥がしていくしかないかもね」

「そうですね」
「じゃあ、ゾルバか浮浪雲をめざしていきましょうか（笑）」

2月6日
木村さんがサニヤシンになった。
「マラ」（ＯＳＨＯの写真入りの木製ペンダント）を身につけた。
授けられた名前はスワミ・アナンド・ダヤニーシ。
その意味は、
SWAMI（聖）ANAND（至福）DHYANESH（瞑想）。
かっこいい！　仙人のような木村さんにぴったり。

Tell me who you are（あなたは誰？）

2月7日
今日からEnlightenment Intensive（1日目）
「集中的な啓発」のグループセラピーに参加。
40人くらいのグループ。ゆっくり歩きながら目と目でパートナーを見つける。ペアになったら、どちらかが問う。

Tell me who you are（あなたは誰？）

問われた者は自分が誰なのかを答える。

午前も午後も同じ活動。

自分は誰なのかを突き詰めていく。


もういい加減、おかしくなってきた。

Tell me who you are.

My name is……　I'm from Japan……

いやいや、名前は私じゃない。

日本人だけど、それは私じゃない。

私とはいったい何者なのだろう？

「あなたは誰？」と聞かれるから、なんとなく頭に浮かんできたことをしゃべっているだけ――でも違う。

自分のしゃべっていることは、「本当の自分」がしゃべっていることとは違う。その場を取り繕うために選んだ言葉を口から出しているだけ。

「お前は何者なのか？」と、何度も何度も突きつけられる。
そのたびに私はお茶を濁している。自分でもそれは分かっている。しかし何を伝えれば
いいのだろう。本当に、私は誰なんだろう？

2月8日

Enlightenment Intensive（２日目）
相手が質問する、
Tell me who you are.
私は誰なんだろう？
……考える。
頭のなか、心のなかを見つめる。

ホールにいる私。
周りの熱帯植物や光が見える。
人々が見える。
ジェスチャーをしたり、口を動かしたりしている。

私に見えているもの。
それらは私ではない。
私は見ている存在。

声が聞こえる。皆の声や鳥のさえずり。
音が聞こえる。風にそよぐ木々の音や衣ずれの音。
私は、声や音ではない。
私は聞いている存在。

私は自分の身体を感じる。
手の重さ、足の痛み、肺が膨らみ、縮む感じ。
それらは私の身体ではあるが、私ではない。
私はその身体を感じている存在。

私の心に思考がうかぶ。「この女性はどこの国の人？　やさしい目をしている」
その思考は私ではない。

私はその思考に気づいている存在。

私は目の前の人に話しながら、
気まずくなったり、恥ずかしくなったり、うれしくなったりする。
その感情は私ではない。
私はその感情に気づいている存在。

その存在がＯＳＨＯの言うwitness（目撃者）としての私？
その存在が「本当の私」？
〝大いなる何か〟とつながっている存在？

勝手に頭に浮かんでくる私の思考（マインド）。
どんどん出てくる私の思考。
それらを雲とすると、頭のなかは雲だらけ。
瞑想することで、雲の合間から青空がチラッと見える。
その青空、目撃者が本当の私？

頭のなかを図にしてみると、こんな感じだろうか。

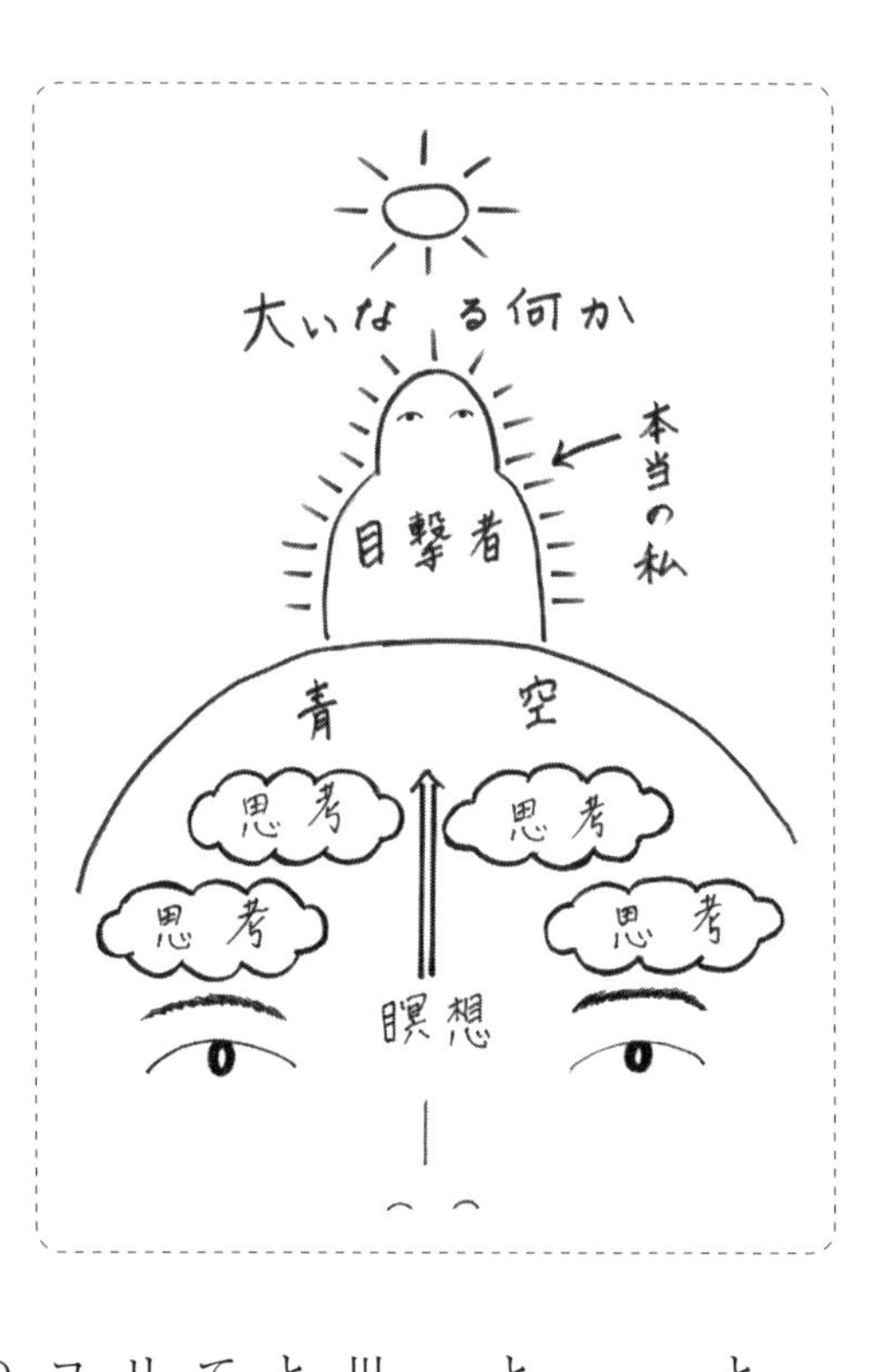

今まで私は、自分をこうとらえていた。

１９６０年、日本の神奈川県に生まれた。中村有佐（なかむらゆうすけ）と呼ばれてきた人間。そして中村有佐としてのストーリーを生きてきた。「アルコール依存症の父親と、その暴言に耐える母親に育てられた」とか「母親の揺れ動く心を自分の心のように感じ、不安で過敏な性格になった」といった物語（ストーリー）を身にまとって。

たしかに、それは真実だった。しかしもう過ぎてしまったこと。今の私ではない。過去の話。「過去」は、今となっては「脳から引っ張り出してきた思考」。つまり「過去」は「今の思考」なんだ。

うまく言葉にできないが、「こういう過去をもっている自分」という幻想を勝手に信じ込んでいるだけじゃないか。すべては過ぎた夢であり、脳から引っ張り出してきた思考でしかないのだから。

もう一度考えてみる。

ここで言えるのは「過去の私は、今の私ではない」ということだ。

生物として連続している個体ではあるし、記憶も脳に刻まれている。

しかし、私という個体の細胞は瞬間瞬間入れ替わっていて、数か月から数年でほとんど入れ替わるという。数年前とは別人なのである。そんな生物が、「過去」をいつまでも引きずることはないのではないか……。

やはり、どう考えても「過去は私ではない」。私はこういう人間だと思い込んでいるだけ。過去の私というストーリーを手放して別の場所に置き、客観的に眺めてみよう。そうすれば、もっと自由になれるはずだ。

また「本当の私」が身体や思考ではなく、「目撃者」であり、「大いなる何か」とつながった存在だとするならば、生まれたり、死んだりするようなものではないのかもしれない。

今まで自分だと思っていた「身体や思考」は、この世界というボードゲームの上に置かれたコマのようなものなのだろうか？　生を経験し、楽しむためのいっときの人生というゲーム。そう考えれば深刻になることもなくなるかもしれない。

Tell me who you are.
今の私は誰でもなく、こんな人間の身体をまとった〝何か〟です。

2月9日
Enlightenment Intensive（3日目）
Tell me who you are. の3日目。

この世の中にはＯＫしかないんだ……！
It's OK! No problem なんだ！
実感できた気づき！

雑念（マインド）もＯＫ。

いままで俺が良くないと思ってきたこともＯＫ。

ルールなんて、自分で勝手に作り上げているものだ。

ルールなんて、自分で作らなければどこにもない。

そう、何をするのもＯＫ。

すべて受け入れればいいんだ。

うしろめたいことなんか、この世にはない。

そう、うしろめたく感じたら、それもＯＫ。

そう、すべては自分自身が作り上げているもの。


ＯＳＨＯがいつも「OK, no problem」と言っていた意味がやっと理解できたような気がする。

Let go（手放す）が初めて理解できた。

かっこつけるのもＯＫ。

何をするのもＯＫ！

文章にすると大したことなくなるけど、一応記しておく。

3日目、私は自分の思いを吐き出すことに快感を覚えていた。吐き出すには日本語が通じる日本人がいい。

最初に佐藤さん（30歳くらいの横浜の男性）、次に喜納昌吉さん（歌手）とペアになった。

私は喜納さんに、自分のみっともない部分をさらけ出して、悩んでいることを伝えた。

「不安で敏感すぎる性格のこと」

「周りの人の気持ちばかりを気にして、自分を殺してしまうこと」

「人の期待に添うように行動してしまうこと」などなど。

喜納さんの話す番になった。彼は沖縄なまりの言葉で力強く言った。

「周りの人の気持ちを気にしたっていいじゃない。敏感だっていいじゃない。期待に添ったっていいじゃない。やりたいようにやればいいいさ」

つまり彼は「そのままでいいんだ。そんな自分を受け入れなよ」というようなことを言ってくれた。喜納さんの言葉は私のなかにまっすぐ入ってきた。

次のクンダリーニ・メディテーションのとき、はっきり理解できた。

そう、すべてを受け入れれば、問題なんか起こるわけがない。たとえ、心のなかに問題や葛藤が起こったとしても、それでいい。それを客観的に見つめ、受け入れたら、消えて

(「MUTERIUM MAGAZINE」より)

いくはず。なぜなら、それは勝手に私が作り上げた問題だから。もともとなかったものだから。

感情についても同じ。

まず、その感情が生まれた自分に、何が起こったのかを見つめる。

「ああ、だから今、こういうふうに感じているんだね」と自分に話しかける。そして、それがどんな感情でも「それでいいんだよ」と受け入れる。肯定する。そうやって自分のエゴが作り上げた「こうあるべき」を手放していく。わき起こる思考や感情に「イエス」と言うこと。それだけで、問題は消えていくはず。

いを思い出した。

ロンドンのギャラリーで行なわれていたヨーコの個展。ある作品を通してふたりは出会った。その作品は、脚立に登り、天井に釣り下がったキャンバスに書いてある小さな文字を虫眼鏡で見なくてはいけないところにあった。

ジョンが虫眼鏡でのぞくと、そこには「ＹＥＳ」という文字。見る人のすべてを肯定してくれる「ＹＥＳ」。ジョンはそのポジティブな一言に心を救われ、ヨーコに惹かれたという。今ならよく分かる気がする。

2月10日
Enlightenment Intensive（4日目）
朝、ブッダホールの周りを散歩。
朝の日ざしの中で、熱帯の植物たちが生き生きと光って見える。
急にあたりがしんと静まりかえり、
1枚の、輝いているような美しい葉が目に入った。
ああ、なんと美しいんだろう。生命にあふれている。
ずっと1枚の葉を見ていた。

10分以上見ていた。
美しさを感じて感動がとまらなかった。

人はこんな風に感じることができるんだ。
初めての経験だった。
心のおしゃべりが止まり、自分の内側の深い部分とつながった瞬間だった。
瞑想とは驚異の感にとどまること。

木の上でリスが鳴いている。
バンヤンの木に、フクロウがいた。
ジュース売場でカメレオン発見。
今まで見えなかったことが、見えてきたような気がする。

グループセラピーの最後にＯＳＨＯの講話のテープを聴いた。
「人は夢を生きている」といった内容。
今の気持ちに合っていたせいか、ＯＳＨＯの言葉が心にすっと入ってきた。

OSHOの言葉を記す。


その日以来、世界は非現実になった。

そして、もうひとつの世界が明らかになった。

世界は非現実だと言うとき、私はこれらの木々も実在しないと言っているのではない。

これらの木々は現にありありと存在している――

だが、あなた方がこれらの木々を見るときの見方は現実のものではない。

木々そのものは非現実ではない。

――それは神のなかに存在し、絶対的な実在のなかに存在する――

だが、あなた方のような見方では、それを見たことにはならない。

あなた方は何か別のもの、陽炎(かげろう)を見ている。

あなた方は自分の周りに自らの夢を作りだしており、目覚めないかぎり、そのまま夢を見続けてゆくだろう。

世界が非現実であるのは、あなたの知っている世界が自らの作りだした夢の世界だからだ。

夢が落ち、目の前にある世界に遭遇するとき、ほんとうの世界が見えてくる。

私が見ている世界、それは「こうあるべき」という私の色のついたフィルターを通して見た世界。それは自分が作り上げた「夢」の世界。

私は「中村有佐という夢」を生きているのだ。

今までさまざまな方法で自分の生きづらさを取り除こうとしてきたが、できなかった。それは、生きづらさの根本的な原因が「私」という夢のなかに閉じ込められているからだ。「中村有佐という夢」を唯一のリアルだと思っているからなんだ。

私という夢から覚め、「私」と「私以外」という二元の世界から非二元の世界へ、すべてがひとつにつながっている世界に入ることで、平安が訪れるのだろう。


言葉にするのは簡単だが、どうすればいいのか――。

それを考えるためにここにいるんだ。


Enlightenment Intensive が昨日やっと終わった。しんどかった。

「Who am I ?」の４日間。

メシの時間があんなに待ちどおしかったのは久しぶり。

いろんな人がいた。

喜納さんに出会えたのは大きな喜び。日本人では、佐藤さんのほか田村先生（小柄な40代の女性。学校の先生）、幸さん（30代のシングルマザー）、関西の女性ふたり（名前は知らない）。いろんなことを感じ、学ぶことができた。仲間になった外国人から聞いて改めて認識した禅のすばらしさ、日本という国のすばらしさ。

外国人では、フランスから来た人のいいおっちゃん、アメリカの創価学会の笑顔のオネエちゃん、トゲトゲしたイスラエルのオネエ、多くのドイツ人、優しいまなざし、にくたらしい女たち。

ヨーロッパ人への偏見が消えたようだ。みんな同じ。人間は大して変わらない。

英語がだいぶ理解できるようになった。なんせこの4日間、ずっと英語を喋って聞いてるばかりだったもの。


シャワー室で感じたことに触れておく。

アシュラムには大きなシャワー&トイレ室がある。いくつものシャワーが壁についていて、その反対側の壁のほうに便器が並んでいる。驚いたことに一切仕切りがない。つまり、便座に座ると、目の前にシャワーが並んでいる。

もっと驚いたことに男女共用。つまり私が便座に座って用を足していると、その前で、ヨーロッパ人の女性がシャワーを浴びている。最初は驚いたが（ちょっとうれしい気もした）、なんだかみんな自然で、つい見てしまうけど、なぜか興奮もしない。

やはりエロスは「隠す」という行為のなかにあるのだろうか。ここはやはり、「性」や、もろもろの禁断ゾーンへの偏見を落とすための場所なのだろう。

ひとつ発見があった。

白人の女性といっても、プレイボーイ誌のグラビアに出てくるようなセクシーな身体をしている人は皆無だということ。当たり前だが、みんな普通の身体をしている。やっぱり、日本人の女性が一番いいな、とも思った。

それって、同種にフェロモンを感じるっていうことなのだろうか。

セックスの話

2月11日
久しぶりに朝のダイナミック・メディテーション。
やはり朝の瞑想は気持ちがいい。
ＯＳＨＯの今日の講話は「セックス」についてだった。

OSHOの言葉。


セックスは生（なま）のエネルギーだ。

それは変容されなければならない。

「変容」を通じて「超越」が起こる。

変容するよりも、むしろ宗教はそれを抑圧してきた。

もしそれを抑圧したら、その自然な成り行きとして、倒錯した人間が生みだされる。

セックスにとりつかれる。


私はあなた方に性（セックス）を教えているのではない。

私がときに性について語らねばならないとしたら、キリスト教、ヒンドゥー教、イスラム教の抑圧的な伝統があるためだ。

その責任は私にあるのではない。

その責任は彼らにある。

彼らは人間の「性（セックス）」をすっかり麻痺させ、完全に不健全なものにしてしまった。彼らの目的は、この「性」と呼ばれるエネルギーを抑圧することにあった。

いいかな、あなたにはたったひとつのエネルギーしかない。

あなたには多くのエネルギーがあるのではない、たったひとつのエネルギーしかない。

もっとも低いところではそれは「性エネルギー」と呼ばれる。

それを瞑想を通じて、瞑想の錬金術を通じてさらに純粋なものにし、さらに変容させ続けていくと、その同じエネルギーが上に向かって動き始める。

それは愛になり、祈りになる。


宗教者はセックスについて語らない。

社会でもセックスについて語るのはタブーとなっている。それゆえセックスは隠され、秘めごととなる。言ってはいけないこと、恥ずかしいこととなる。私たちはすっかりそういう風に洗脳されている。タブーにすることは、社会や組織の体制を維持する立場の人間にとっては必要なことなのだろう。

マリア様が受胎告知を受け、処女でイエスを産む――という話も、性を封じ込める逸話なのかもしれない。神の子は聖なる存在で、快楽を伴うセックスで生まれてはいけないのだ。

しかしそれでは、セックスするクリスチャンは皆、罪を感じなくてはならなくなる。海外では、性を抑圧された神父による性的虐待が止まらないらしい。

ＯＳＨＯが言うように、性を抑圧した人たちは倒錯したセックスにとりつかれてしまう。人間は、自分たちが本能をもった動物だということを忘れてしまっている。セックスは、人間という種が生き延びて繁栄する手段としてある大切なもの。もっと普通に語っていくことだろう。


木村さんから、彼が昨日まで参加していたAwareness & Expressionの様子を聞いた。とにかく、すごいらしい。15人ぐらいがあまり広くない部屋に入れられて、やりたいことをやれと言われるらしい。インストラクターの女性が鋭い人で、何でも見抜いてしまうので、嘘などつけないそうだ。

彼女は踊っている男性にむかって、

「フランク、やめなさい。あなたは、照れ隠しに踊っている。あなたは恥ずかしいんだろ。じっとして、真っ赤になっていればいいじゃないか」

ある女性に対して、

「スーザン、あなたはリチャードにしてほしいんだろ。そう言ったらどうなの？」

20分もわめいたり床をたたいたりして、感情を表わしていた女性にむかって、

「エマ、すっきりしたかい？　あなた職業は？」

彼女が躊躇していると、

「俳優だろ。すごくいい演技だったじゃないか」

「……ええ、俳優でした。でも今のは演技じゃなくて……」


う〜ん、コワイ。

木村さんは明日、最初にいたホテルに戻るとのこと。そろそろイギリスへ帰る準備をするようだ。なんだか淋しくなる。木村さんから５００ドル借りた。助かった。

２月12日

疲れが出たのか、なんとなく気持ちが落ち込んで、何もする気にならなかった。ＯＳＨＯの講演を聞いて新たな理解を得たといっても、それだけ。何も変わっていない。すぐ元に戻ってしまう。以前と変わらない自分へ。

頭では理解できる。でも理解できるだけ。実感としての理解ができていない。身体が理解していない。その理解が自分のものになっていない。

いそぐことはない、
逃げるものはひとつもないのだから。
追い求めるとき、それは逃げる。
じっとしていてごらん、
そのままでいいんだ。
……そうしたいのだが、これがなかなか……。

2月13日
この日は、誕生日。アシュラムのオフィスで、サニヤシンとしての名前を授かった。
My name is Swami Rupantar.（スワミ・ルパンター）
Rupantar : transformation（ルパンター・「変容」）
「スワミ・ルパンター」
なんとなく軽薄な感じでいいじゃない。それに、意味が「変容」ときている。なんか変身できそうでいい。ルパン三世みたいで、とっても気に入りました。2月13日を忘れないように。21日はダルシャン（ＯＳＨＯとの面会）がある。

２月14日

私には here & now（ここ、今）が難しいようだ。常に思考に支配され、頭のなかは過去と未来を行ったり来たり。そう、here & now に敏感になるように。

２月15日

グループセラピーで知り合ったチョイスゲストハウスの幸さんのところに遊びに行った。部屋には幸さんと息子の晴（はる）くん、田村先生がいた。８歳の晴くんは口が達者。これが面白い。幸さんは彼のことを「へりくつ大魔王」と呼ぶ。

幸さんは寝る前に晴くんと「良いとこ探しバトル」をするそうだ。順番に相手の良いところを言い、言えなくなったほうが負け。「晴くんはがんばりやさん」⇒「お母さんの料理はおいしい」⇒「晴くんは声にして読むのが上手」⇒「お母さんの髪の毛はきれい」などなど。勝っても負けても、幸せな気持ちになって寝つけるそうだ。しばし晴くんとキャッチボール。

汗をかいたのでシャワーを浴びさせてもらい、外に出たところで比嘉さんという沖縄の男性にばったり。一緒にいた田村先生が、ヒゲづらの私を「インド人だよ」と紹介すると、比嘉さんはすっかり信じて最後まで疑わなかった。彼は、日本で英語の勉強をするために、なんと小学生用の英和辞典を買いに行ったそうだ。「小学生用の英和辞典はない」と言われ、中学生用を買ったと。小学生用の英和辞典なんかあるわけないじゃん。とぼけた、いい人って感じ。

比嘉さんがガンジャ（大麻）をくれたので試してみた。なんとなく酔ったような感じ。大きな変化はなかった。

2月16日

昼間、アシュラムでイスラエルのオネエに会ったら、私の顔を見て小さい声で「Japanese…funny face（日本人……面白い顔）」って言ったような気がした。相変わらず感じが悪い。「イスラエルにいつ帰るの？」と聞くと、「Never」と返ってきた。「イスラエルは好きじゃないの？」と聞くと、「No, I don't. No, I don't. No, I don't」と強い口調で「No」を三回繰り返した。

オネエはきっとつらい思いをしてきたんだね。

彼女は日本へ仕事を見つけに行くらしい。

木村さんのヨーロッパの女友達も、日本に行ってファックショーをやって金をもうけると言っているらしい。

はて、日本ってどーゆー国なんだろう？

2月17日

風邪をひいたのか、どうも元気が出ない。昨日は田村先生に誘われて、泊りで、パールヴァティ寺院を見に行った。パールヴァティの丘は海抜６４０ｍ。プネーの美しい景観が見える。夕暮れになると、朱色の光に身体が吸い込まれるようだった。

田村先生と一緒にビールを飲んだあと、ひとりでガンジャをしながら夜景を眺めた。子どものときに見た夜景のような、なつかしい感じ。母と出かけた帰りに、電車から見えた遠い街の灯。

宿からチョイスゲストハウスへ戻り、天外（てんがい）さんという修行僧の部屋へ遊びに行く。彼は坊主頭にイヤリングという、なんとも面白そうな人。ほかのふたりと、みかん茶を飲みながらガンジャをやっていた。久しぶりにボブ・マーリーの『ノー・ウーマン、ノー・クライ』を聴いた。心地よかった。

2月18日

ガンジャのせいだろうか、ここのところ体調ガタガタ。

微熱が続いていて、あまり動く気がしない。

2月19日

ハットを借りてもうすぐ1か月になる。新しい借り手を探さなくてはいけない。日記帳の見開き全部を使って「bamboo hut for sale」と書き、道端の木の枝に立てかけた。その横で、ラジープさんから借りた太鼓をたたいて客寄せをした。道行く人は笑いながら通り過ぎていった。

2月20日

今日は少し調子がいいようだ。

昨夜は、満月のようなみごとな月。ハットの中が暑いのと蚊が多いので外に出る。ご近所さんの佐藤さんも外に出ていて、ふたりでお月見。佐藤さんは30歳くらい。あごヒゲをはやした気のおけない人。

ふたりでガンジャをやってみる。ユラユラして心地良かった。

2月21日

朝、木村さんが発った。

力強く握手をして別れた。

木村さんのことは忘れないだろう。ありがとうございました。

そして、今日はＯＳＨＯと面会できるダルシャンの日（聖者と面会することを「ダルシャン」という）。

朝10時半ごろから道ばたで「bamboo hut for sale」と書いたノートを広げてセールスしていると、白人女性から声がかかった。12時に再会を約束。借り手がつきそうだ。

珍しく空が曇っている。まだ微熱が続き、身体がだるい。医者へ行ったが、ウイルス性のなんとかだと。でも食欲はある。昨日木村さんがイギリスに帰るので、一緒にレストランで食事をしたが、サモサ・フルーツ・ジェリーなどよく食べた。

ダルシャン〈聖者との面会〉

２月22日
昨夜は、ダルシャン。
暗闇の中、私はアシュラムのＯＳＨＯの館の前にいた。
他にもダルシャンを待つ人が５人。皆、えんじ色のローブ（長衣）を着ている。

私たちは座って瞑想をしていた。静か……。

壁にはツタのような植物が這い、近くにハイビスカスが咲いている。森からは動物の鳴き声。合図があり、門をくぐって薄暗い砂利道を進んだ。

白い石床の踊り場を回ると、不意に、椅子に座っているOSHOの姿が見えた。彼の周りには光が当たっていた。神秘的だった。私たちは彼の近くに並んで座った。しばらく沈黙の時間。緊張している私たちを見て、彼はほほえみながら言った。


「ゆっくり呼吸しなさい。

オーケー、エゴのコントロールを落としなさい。

……そして一切の目標を落としなさい。一切の努力を落としなさい。

……何かをすべきの〈べき〉はなし。

いいかな。なすべきものなど何もない。

ハッピーでいるんだ。ただリラックスするんだ」


「真実の世界はどこか別のところにあるわけではなく、この世界に隠されている。

ブッダはゾルバのなかに眠っている。

それは目覚めなければならない。

この人生がなくては、誰もあなたを目覚めさせることはできない。

まずゾルバになる。

この大地の花になる。

それによってブッダになる力を得る。

真実の世界の花、真実の世界はこの世から離れてはいない。

この世の中に隠されているのだ」


最初の女性がＯＳＨＯの前に座る。ＯＳＨＯは彼女の「第三の目」のあたりをゆっくりと指で押さえる。数秒後、彼女は失神したようになった。スタッフに抱えられ、近くの椅子に座らされる。次の男性も同じ。

私の番がきた。ＯＳＨＯが私の「第三の目」に触れる。「ああ、ＯＳＨＯが私に触れている」と思った瞬間、気が遠のいていった。

誰かに抱えられたのを感じる。気がついたときには、椅子に座らされていた。何が起こったのか分からなかった。雰囲気にのまれたのか、緊張のせいなのか……。

2月23日

ＯＳＨＯの指のあの感触が、まだ「第三の目」に残っている。

目を閉じると気が遠くなっていく感じがする。

ＯＳＨＯの言葉を思い出して考えてみる。


「一切の目標、努力を落とす。何かをすべきの〈べき〉はなし」


彼の言葉に、自分のエゴを改めて意識する。

目標をもつこと、努力をすることは、私にとって習慣になっている。染みついている。

そうあるべきと教わり、自分でもそう思って生きてきた。

しかし、そういう自分が自分を苦しめているのだろう。

そういう自分が、「もっともっと」と言っているのだろう。

そこからマインドが限りなく現われてくるのだろう。

まじめで頑張り屋の自分。他人の目、世間体を気にする自分。見栄をはる自分。そんな自分が染みついてしまっている。だからリラックスできない。ハッピーでいられない。

……ではどうしたらいいのだろう？

ＯＳＨＯは「一切の目標、努力を落とす」と言うが、それで社会を生きていけるのだろうか……。

「まずゾルバになる。ブッダはゾルバのなかに眠っている」

……そうか、まずゾルバになればいいんだ。

ゾルバになることで、生の輝きが戻ってくるはず。見えてくるものがあるはず。そうして初めてこの世の中に隠されている真実の世界に触れることができるんだ。ＯＳＨＯ自身がそうだったように。

しかし、ゾルバになる……それ自体が難しいんだよなあ。すごく。

2月24日

よかった。ハットに借り手がついた。チョイスゲストハウスに移る。窓から街路樹が見える明るい部屋。壁には大きな海の写真。着替えや必要なものを出してから、椅子に座ってボーッとしていたら寝てしまった。

アシッド体験

２月25日
チョイスゲストハウスの友人（名前は知らない）からアシッド（ＬＳＤ）をもらった。
四角い小さな切手みたいなやつ。なめると、しばらくして強烈な体験がやってきた。
手に力が生まれ、拳をギュッと握りしめる。身体に力がみなぎる。この力を発散したい。
壁を押す。もっと強く押す。後ろから何かに頭を引っ張られるような感じ。「ツーン」と
軽い衝撃。急にハイウエイを走っているような感覚。クラクラしてくる。何かが起こって
いる。立っていられない。ベッドに座る。
空間が回転する。コップやテーブル、家具がグロテスクに変容していく。あたかも生命
をもっているかのように。異質の時空に入ってしまった？
おかしくなってしまったのだろうか。死ぬのだろうか。
目を閉じると、まぶたの裏に万華鏡のような、多彩で、幻想的な形象が広がる。その世
界はレゲエのリズムに合わせて踊っている……。

言葉が浮かんできた。

私はその言葉を、乱雑にノートに書き留めた。頭に浮かんでくるままに。
支離滅裂な言葉。しかし、何かを感じ取っている自分がいる。

「海の色　レゲエの音楽　香のかおり　暑さ　寒さ　笑い　怒り
それらは流れる　私のなかを流れる　通り過ぎる

感じている自分　考えている自分　そのうしろにいる自分
今　この瞬間に起こっていることが「私の意識」という「輪（リング）」に流れ込み
そのすべてを「大いなる存在」が吸い込んでいく

それはひとつのブラックホール
ブラックホール！　それが自分
今、すべてが終わって、すべてが始まっている

目の前の海　そして海を見ている自分
その境界が薄れていく　海と自分がつながっていく

自分が海になる
自分はもう海だ　自分と海は別ではない
それは同じものなんだ

ただそれに気づけばいい
いつも夢を見ている私に　ただ覚めて見ている自分に」

正気に返って読み返すと、かなり支離滅裂。でも生は瞬間そのもの。その瞬間が終わり、その瞬間に新たに生まれる。もともと支離滅裂なんだ。

2月26日
アシッドで思い出したことがある。
小学校5年生のとき。友達の家の庭にいるとき、突然それは起こった。
目の前にある風景に急に現実感がなくなり、映画を観ているようになった。道行く人がそのスクリーンの中を歩いている。友達もスクリーンの中で演じている。自分が役そのものだと思って……。

いつもは自分もその映画の中に収まっているのに、そのときは現実から醒めて、その映画を見ていた。自分ひとりだけがリアル。この世はすべて映画であり、ほんとうは、私ひとりしか存在していない……と感じた。不思議な、恐ろしいような気がした。その感覚はしばらくして消えていったが、その記憶はずっと残っている。

そして昨日のアシッドで分かった、その感覚は本当だったと。

実際のところ、自分以外誰も、何もない。そして自分こそ「悟り」であった。

私に見えるもの、感じられるもの、それが私にとって世界のすべて。ただひとつ見えないもの、感じられないもの、それが本当の私自身。だから気づくしかないんだ。

真実の世界を見るにはいったいどうしたらいいのだろう。

アシッドは、感情や記憶、時間などの変容を引き起こすという。

しかし効果が強烈すぎて危険だ。これっきりにする。

2月27日

改めて「私は何者なのか」という問いを考える。

アシッドを体験しているとき、私は「見守る人」だった。

あのときの色、音、におい、感触、思考――入ってくるさまざまな情報をじっと観ていた。それらは次々と「私の意識」という輪に流れ込んできた。その輪は、「この世」と「大いなる存在の世界」の境にある入口。「この世」と「大いなる存在の世界」は表と裏。同時にここにあった。すべての情報は、「私の意識」という輪に収束して、「大いなる存在の世界」に吸い込まれていった。

そして「私の意識」は集まってきた情報の中から、ひとつ、あるいはいくつかにフォーカスを当てて「自我」というステージに置いた。

すると身体が反応して感情が生まれる。

例えば「夕焼けの景色」がステージに置かれると、「きれいだ」という感情が生まれるように。そのステージ全体を後ろで観ているもの、それが「観照している者」である私だった。

自分の思考、自分の感情だと思っていたものは、そうではない。自然にわき出て心のなかを流れていくだけのものだった。

心という空間のなかに思考が生まれ消えていく。感情が生まれ消えていく。それは「自分の」ではなく、ただ自然にわき出て流れるエネルギー。

私はただそれを眺めているだけ。

そして次に、「自分」と「見ている対象」の境界が薄れていった。私は写真の中の海に入り込み、海に溶けていった。私という主体があって、見えている客体があるのではなく、ふたつは溶け合い、つながっていった……。

しかし、普段はこの感覚をもつことはできない……。
でも、できるだけこの感覚を意識してみよう。
思考や感情に巻きこまれる前に「観照者である自分」を意識すること。

2月28日

アシッドの副作用のせいか、ずっと気持ちが落ち着かない。
私は今、「精神（心）」の世界に住み着いてしまっている。
結局は思考と語り合っているだけ。
狭い世界に入り込んでいる。
もっと「肉体」を感じ、肉体とつながろう。
「本来の私」を感じるトレーニングをしよう。

やはり頭でしか理解できていない。

実感として理解し、その理解を具現できる自分とはほど遠い。

頭のなかを思考がぐるぐる回っているだけ。

でも、そう考えること自体がエゴのなせる業？

「思考を落としなさい」とOSHOは言う。でもどうやって——。

やはり、瞑想を続けるしかないのだろうか。

そんなに簡単じゃないよな。


昨日は、フルーツ売りのおばちゃんに、自分のイライラをぶつけてしまった。

「絶対甘いって言うからパパイヤを買ったけど、ちっとも甘くなかったじゃないか！」

なんと情けない自分。きっと日本人に対してなら、そんな言い方はしない。私のなかにある差別意識に違いない。何をイライラしているんだ。落ち着け！

3月1日
アシッドの影響がまだ続いているのか、ここ数日、何もする気が起きない。気持ちが落ちつかず、ガンジャ（大麻）をして過ごす。

３月３日
昨日は日記が書けなかった。毎日ガンジャ。
何もやる気がしないし、考えたくもない。
人間がダメになっていくようだ。

ガンジャをしながらボーッとしていると、以前の記憶、父や母とのことが頭に浮かんできた。自我がゆるんでいるからか？　「記憶」が言葉にして出してほしいと言っているのか？
もう、ガンジャはやめよう。世界にベールがかかってしまう。リアルな世界に戻ろう。なんだか自分自身が煮詰まってきている気がする。もうここを離れたほうがいいのだろう。

父と母の記憶

３月４日
「記憶」を言葉にしてみる。形にして出すことで、それは成仏するかもしれない。
父とつかみ合いのケンカをしたことを思い出した。高校１年生のとき。

気の弱い母から「父に対する不満」をしばしば聞いていた私は、母の気持ちに自分を同化させていた。母の気持ちは私の気持ちだった。考えてみれば、小さいころからずっとそうだった。

父はやさしいところもあるが、酒を飲むと人が変わった。

毎晩酔っぱらっては母をバカにしたり、誇大妄想のようなことを言ったり、前向きに動こうとしない父がずっとうっとうしかった。

父は満州に生まれ、苦労もしたが有能なサラリーマンだったらしい。しかし肋膜炎の手術で肺の半分を切除して以来、無理のできない身体となり、仕事を辞めざるをえなかったという。父のくやしさも分かるが、息子としては前を向いて生きる姿勢を見せてほしかった。

その日も酔っぱらって母に対して「低能だ」などとひどいことを言っている父に、私のつもりつもったイライラが爆発した。父の胸ぐらをつかみ、廊下の突き当たりのドアに押しつけた。初めてのケンカ。もう私のほうが力が強くなっていた。母は泣きながらケンカを止めに入った。

翌日、母は私に、こんな話をした。

父に不満はあるものの、優しいところもある。母は若いころ別の人と結婚していて、子どもがひとりいた。その男性とは別れたが、子どもは相手方にとられてしまった。父はもちろん知っていたが、そのことで母を一度も非難したことはなかった。母はそれに感謝していた。

しかし、そのこともあって姑にはつらく当たられることが多かった。父にそれを訴えると、「お前と離婚はできても、母と自分は親子。親子の縁は切れない」と返ってきた。それでも父は、母を連れて実家を出て、一度はアパート暮らしをしてくれた。

初めて耳にする話。驚いた。

私は幼いころから、母の気持ちを察する子どもだった。母の揺れ動く気持ちを支えるために「いい子でなくてはいけない。気の弱い母を守らなくてはいけない」と無意識のうちに思っていた。そうして私は、相手の気持ちばかりを気にして、自分を殺してしまう、敏感で、不安感の強い子どもに育っていった……。

３月５日

ずっと抱えてきた記憶を文字にしたことで少し気持ちが整理できた。

いろいろ迷ったが、やはりプネーを発つことにする。

環境を変えよう。ニューデリーに戻り、少し観光してからカトマンズへ行く。ヒマラヤが見たい。

夕方、旅行会社へ行き、エアチケットを取る。とりあえずニューデリーへ。

3月6日
チョイスゲストハウスのみんなに挨拶。あとは買い物と荷造り。えんじ色の服が増えた。

しばらくはOSHOの世界や悟りについて考えるのはやめよう。人が変容するのはそんなに簡単じゃない。

時間をかけて魂の奥深いところで納得しなきゃ変われない。20歳の今の自分には無理。機が熟すのを待つしかない。何十年かかるかもしれないし、熟さないかもしれない。でも、心に持ち続けることで何かしらの果実がきっともたらされるはずだ。

明日の朝、9時の便でプネーを発つ。

（第3章）ネパール、ヒマラヤへ

ニューデリーからカトマンズへ

3月7日
昼過ぎにインディラ・ガンディー国際空港着。空港からタクシーでニューデリー駅近くのホテル街へ。のんびりしたプネーと違う。音もにおいも、人も車もエネルギッシュだ。炎天下、あれこれ探してようやく3軒目のホテルに決定。ASIANゲストハウス。最上階の部屋。おや、屋上もある、いい雰囲気。屋上からニューデリーの街が見える。

3月8日
ホテルの部屋は悪くないのだが、あまりにも暑い。エアコンのあるYMCAに移ることにする。途中、旧市街にそびえるジャマー・マスジッドに寄る。丘の上に建つ巨大なモスク。赤い砂岩と白大理石の組み合わせが美しい。中に入るとガランとしていて、ひんやり。荘厳で、神聖さが漂っていた。
YMCAにチェックイン。やはりエアコンはありがたい。少し休んでから大きな円環状の道路、コンノートプレイスに立ち並ぶお店を見ながらブラブラ。旅行会社を見つけたので、明日のアグラ1日バスツアーを申し込む。タージ・マハールが見たい。

３月９日

５時起床。６時出発。道中、車道を堂々と歩く牛たちの様子を見るのが楽しい。インドでは牛は神様なので、わがもの顔だ。好きなところで自由にしている。

６時間かけてやっとアグラへ。アグラ城は赤茶色の巨大な要塞。落ち着いた雰囲気。アグラ城から遠くに望むタージ・マハールはまるで幻想世界のようだ。

いよいよタージ・マハール。王妃のために造られた巨大な墓。みごとに調和のとれたフォルムから異なる時空の物体のような魅力を放っている。満月の夜はいっそう神秘的な姿を見せてくれるという。外観だけでなく内側も凝りに凝っている。大理石の棺（ひつぎ）の細やかな細工の美しさには思わず見とれてしまう。インド人親子と仲良くなって写真を撮り合う。涼しい場所に座り、写真を撮ったり、景色を眺めたり。

そのあとアクバル帝の墓所スィカンドラーへ。ここも静かなたたずまい。気に入った。ガイドのオッサンは催促してもお釣りをくれなかった。インドではよくあるパターン。悪い奴は悪い人相をしている。バスの中はテレビの音がガンガン。これまたインドらしい。ニューデリーでバスを降りたときは夜10時。ぐったり。シャワーを浴びて寝る。

3月10日

朝、腹痛と下痢。そして発熱。18時ごろやっと熱が下がる。しばらくして、またひどい悪寒。ありったけの毛布をかけても寒い。再び下痢。吐き気。いのちの危険を感じる。

19時ごろタクシーを頼んで病院まで行く。着いたのは、なんと露天の病院。点滴2本、注射2本。数時間ベッドで寝て、やっと落ち着いた。一時は本当に死ぬかと思った。夜中の2時、ホテルに戻る。でも病院のドクターも周りの患者さんもとても親切だった。急性胃腸炎だったようだ。ラム・マヌハー先生に感謝。食べ物には注意していたが、飲み物に入っていた氷がよくなかったのかもしれない。うかつだった。

3月11日

丸1日絶食。食欲まったくなし。気力もなし。口に入れるのは白湯(さゆ)とミネラルウオーターだけ。でも、昨日のことを思えば天国。下痢はまだ収まらないが、熱はほとんど下がった。

昨日病院から帰るとき「支払いは?」と聞くと、「フリーだ」と。これにはびっくり。旅行者だから? 貧しい人のための病院だから? よく分からなかった。日本で、保険証を持たない外国人が病院に行ったら大変な金額になるだろう。貧しいけれど、懐の深いインドに触れた気がする。

3月12日

元気になった。トースト1枚、チャイ1杯の朝食。特にひどくなることもなかったので、お腹にやさしいメニューで3食。夕食のとき、大阪からのひとり旅の大学院生と一緒になり情報を交換しあう。気骨のある、たくましい感じの女性。

3月13日

昼食を食べにYork'sレストランへ。チャイニーズ・リゾットがメチャクチャおいしい。胃にも心にもやさしいという感じ。帰りにロイヤルネパール航空の営業所でカトマンズ行きのフライトを予約。

たまりにたまった洗濯物。8枚のTシャツとズボンを1時間近くかけてゴシゴシ。ファンがビュンビュン回る下で、洗濯物がユラユラ揺れている。

3月14日

ニューデリー最後の日。オートリキシャとタクシーで観光スポットをいくつか回る。

帰りのタクシーにびっくり。調子のいいターバンの運転手。運転しながら運転席近くのメーターをバンバンと手でたたき出した。するとメーターがカチャカチャと加算されていく！「えーなにそれ！」むちゃくちゃ。停車後、思わず日本語で口げんか。相場程度の金を渡して、わめいている彼にバイバイ。久しぶり、思いっきり腹が立った。改めて、さすが何でもありの国だなと実感。
夕食はお腹のことを考えてまたチャイニーズ。そろそろカレーが食べたい。怒鳴ったせいか、やっと気力が出てきた感じがする。

3月15日
飛行機で一路カトマンズへ。サービスに缶ビールが1本。カトマンズ近くになって飛行機が高度を落としたとき見えてきたのは、荒涼とした大地。こんな山奥に、人々が暮らしている。それも首都。気が遠くなるような感覚。着陸すると、山の中の、のどかな空港。いい感じ。
空港出口を出ると、ポーターが勝手に荷物を運んでチップをせびったり、ホテルの客引きがわんさと取り囲んで、あーでもない、こーでもないとうるさい。日本語が上手で、丁寧な感じのジバンという男に連れられてSITA HOMEへ。

ホテルの雰囲気に、なんともいえないような手造り感がある。これがいい。レンガをモルタルで積み重ねた、自然でワイルドな感じ。これならおれだってやれそうだ。

屋上に出てみると、なんとも気持ちがいい。山の中の平らな土地に、同じように手造り感満載の建物がぽつぽつと建っている。高い建物はまったくない。遠くまで見渡せる。生きるために手で造ってきた建物の数々。人間という生きものを感じさせる街。無機質な都会よりよっぽどいい。

外に出て歩いてみる。小さい街なので、どこにでも徒歩で行ける。商店街には、地震がきたら一発でつぶれてしまいそうな古い木造の小さい店がぎっしり連なっている。欧米人など観光客向けなのだろう、みやげ物屋が目につく。みやげ物屋の店主のおじさんにつかまってしまい、１時間ほど立ち話。日本語を勉強中とあって、おじさんは商売より日本語を覚えようと夢中。ネパールには日本語を勉強している人が多いと聞いていたが、本当にそうらしい。日本料理店「古都」でビールと焼き鳥。久しぶりにおいしい日本食。明日は旅行会社に行ってトレッキングを予約しよう。

３月16日

朝、いつもより早めに起きて、スワヤンブナートへ。でっかい目のある有名なストゥー

スワヤンブナート（「tripadvisor」より）

パ（仏舎利塔）。軽い朝の散歩のつもりが、急な石段を登るので、いい運動になった。山の頂上にあるストゥーパはなんともエキゾチック。塔の上から放射状にいくつものロープが張られ、色とりどりのハンカチのような布が万国旗のようにはためいている。布にはお経が書き込まれており、風に乗って世界に広まるのだそうだ。なるほど、ネパールの人々の祈りは、風に乗ってどこまでも飛んでいく。

ホテルに帰り、客引きのジバンに連れられてトレッキング事務所へ。

おや、日本人の客がいる。きれいな感じのオネエ言葉の男性。一緒に説明を受けることになった。ネパール人スタッフの日本語と英語のチャンポンの説明が楽しい。

オネエの男性もときどきつっこみを入れ、すぐ仲良くなった。私の要望（コースの難易度や日程）を伝えると、彼も同じような日程を考えていたらしく、「ねえ、一緒に行く？　そのほうが安くあがりそうじゃない」「面白そうですね。そうしましょう」と決まり。

開けっぴろげで明るい人だから、大丈夫だろう。日本からの直行便で、昨日着いたそうだ。

決まったのは、カトマンズから西に200キロのリゾート地、ポカラから出発して、アンナプルナの山々（アンナプルナ1、3、サウスなど）を見に行く4～5泊のトレッキングコース。ふたりともまったくの素人なのでガイドをつけることにする。さらに説明を聞くと、ポーターとコックもつけたほうがいいと。1日1万円程度。ひとりあたり5千円。

結局、私たちふたりとガイドひとり、コックひとり、ポーターふたりの6人のパーティになった。「大名トレッキングだね～」とふたりで笑う。出発は3日後。明日、昼飯を一緒に食べながら、打ち合わせをすることに。

サッキさん

3月17日

自転車を借りて少し遠くにある巨大なストゥーパ、ボダナートへ。さすが「ストゥーパの親分」という感じで、どーんと構えて迫力があった。ホテルに戻り、シャワーを浴びてスッキリしてから、オネエ言葉の日本人と会うために約束したレストランに向かう。

面白い人と出会ってしまった！　彼の名はサツキさん。31歳。なんと少し前まで永平寺の修行僧、「雲水」だったそうだ。今は新宿のお店で働いているとのこと。明るくって、むちゃくちゃ面白そうな人。外見はキレイ。髪の毛は肩ぐらいまであって、風を感じるような髪型。眉毛が太く、仏像のような静けさを感じさせるマスク。いろんな話が聞けそうだ。やっぱり、インドやネパールに旅に来る人は面白い人が多い。私もＯＳＨＯのアシュラムにいたことなどを話した。サツキさんはＯＳＨＯのことを知っていた。

3月18日

今日は、旧王宮前にあるダルバール広場まで足を延ばす。それほど大きくない、古い寺院が点々と建っている。きらびやかではないが、ネパールらしい素朴な風情。

バザールで、トレッキング用に高地の牛、ヤクのセーターを買った。明日はポカラまでバスで移動する。西に２００キロ。朝が早い。

３月19日

６時半に大通りでサツキさん、トレッキングのメンバーと落ち合う。バスは７時出発。道路は思ったほど悪くない。特にトラブルもなく13時半にポカラに到着。メンバーは買い物などトレッキングの準備。

メンバーは、ガイドのヤダジ。コックのドルガジ。ポーターのバスジとシバジ。みんな穏やかで控えめな感じ。ちなみに「ジ」は「～さん」の意。午後はホテルでトレッキングの支度。夕食もホテルで食べた。

夕食後、私の部屋でビールを飲みながらサツキさんと話をした。

「サツキさんはどうして雲水になったんですか？」
「アタシはねぇ……いろいろあったのよ。長～い苦難の歴史がね（笑）。知りたい？」
「……イヤじゃなかったら、知りたいですね」
「長くなるわよ。アタシね、少し変わってたのよね、小さいときから。みんなと同じことをやるのが苦手で……趣味も興味も違うし。だから中学2年のときに不登校になっちゃって、何年も学校に行けなかったわ」

「そうなんですか」

「うん。集団とかがずっと苦手だったし、生きてることにも、男性っていうことにも違和感があって。（自分って何なんだろう）って考えて……空ばっかり見てた（笑）」

「そうだったんですね」

「ええ。元気がいい人たちの仲間にも入れなかったし、勉強にも興味がなくて……音楽聴いたり、本読んだりばっかだったわね。あと、潔癖性っていうか、過敏な面もあったのよね。なんとか大学出て就職したんだけど、やっぱり適応できなくて……やめちゃった」

「ふーん」

「……やっぱり自分は世の中に向いてないんだなって……。それからはときどきアルバイトしたりしてたんだけど、自分の苦しさを何とかしたくて、とにかくたくさん本を読んだの。小説も読んだし、心理学とか仏教とかの本も多かったわ。

近くの禅寺で坐禅教室をやってるって聞いたから行ってみたら（あれ、これ、自分に合ってるかも）って思えたの。なんかちょっとスッキリしたのね。

……それから有名な禅師の話を聞きに行くようになって……そしたらその話が面白くてね。特に澤木興道（さわきこうどう）禅師（１８８０年～１９６５年）のお話がすごく面白くって。澤木禅師って、明治から昭和を代表する禅僧で、すごく豪快な人なのよ。ただひとり〈禅の道〉を求めて、一生、寺をもたず、『宿なし興道』って呼ばれてたの。

澤木禅師が残した言葉を聴いていると……なんだろう、世の中の見方を変えてくれるっていうか、救われるような感じがしたのよ。で、（この世界に入りたい。この世界だったら生きていけるかも……）って思って、永平寺に行ったのよ」

「そうなんだ。でも、すごい勇気ですね」

「そうかもね。でも、それだけ切実だったのよ」

「今の明るいサツキさんからは想像できないですね」

「そう。少しは成長できたかしら（笑）」

「大変な思いをされてきたんですね。話してくれてありがとうございます」

「どういたしまして。……生きていくって大変よね」

「そうですね。苦しいこと、たくさんありますよね。でも、雲水になったらなったで、それこそ大変な毎日なんでしょう？」

「すっごい大変！　……もう大変すぎて、毎日生き延びるだけで精一杯って感じ。でも、アタシにはそれが良かったのよ。よけいなことを考えなくてすんだから」

「そうなんですね……雲水の生活ってどういうものなんですか？」

「まあ、とにかく1日のすべてが修行なのよ。朝4時に起きたらすぐに〈洗面〉といって、桶1杯の水だけで歯を磨いて顔や頭、耳の中まできれいに洗うの。それからすぐに坐禅。そして読経。そのあと掃除をして、それから朝食……っていう感じ。夜9時の就寝まで、みっちりスケジュールが決まってるの」

「へえー、厳しいですね」

「うん。それにね、作法を少しでも間違うと、先輩の檄（げき）が飛んでくるのよ。でも、そのおかげでひとつひとつのことに一心に取り組むようになるの。坐禅もそうだけど、目の前のことにひたすら無心に取り組むっていうのが修行なのよね」

「へえ、本当に厳しいんですね。……作法って、例えばどんなのがあるんですか？」

「そうね……例えば、食事のときは僧堂に入って席につくでしょ。で、合図があると一斉に『般若心経』を唱える。それが終わると自分のお椀とお箸を用意する。音を立てないでね。少しすると、順番におかゆと漬物とごま塩が配られる。で、食べるときも音を立てちゃいけない……だからタクアンなんか、ポリポリ音を立てて食べちゃだめなのよ（笑）」

「なんだかおいしくなさそうですね」

「いえいえ。修行でおなかはペコペコだし、緊張を強いられた生活だから、なおさらおいしいのよ、これが。一口一口ちゃんと味わって食べるしね。一度、珍しくスイカが切られて出たときがあったの。そのとき、ついね、我を忘れて〈ど、れ、に、し、よ、う、か、な〉ってやっちゃったの（笑）」

「面白い、みんな吹き出しちゃったんじゃないですか」

「そうそう。あとでみんなに言われた。〈必死で我慢したよ〉って（笑）」

やっぱり面白い人。楽しいトレッキングになりそうだ。

サツキさんの仏教教室

3月20日（1日目）
ポカラ（８２２ｍ）からティルケドゥンガ村（１５７７ｍ）へ。アンナプルナ山を間近に望むプーンヒルをめざして行く。まずポカラからバスで2時間かけて宿場町ナヤプルへ。いよいよトレッキングのスタート。ナヤプルから渓流に沿って上流へと歩いていく。正面には、別の空間にあるようなヒマラヤの峰々が遠くにそびえ立っている。シュールな風景。道々に小さな村がある。こんなところに人が生きているんだなあ……。しばらく歩いてビレタンティ村に到着。ロッジが何軒も建っている。渓流近くのレストランで焼きそばのような昼食。
村を出て緩やかな登り道を歩く。写真で見たネパール独特の棚田の風景が広がっている。

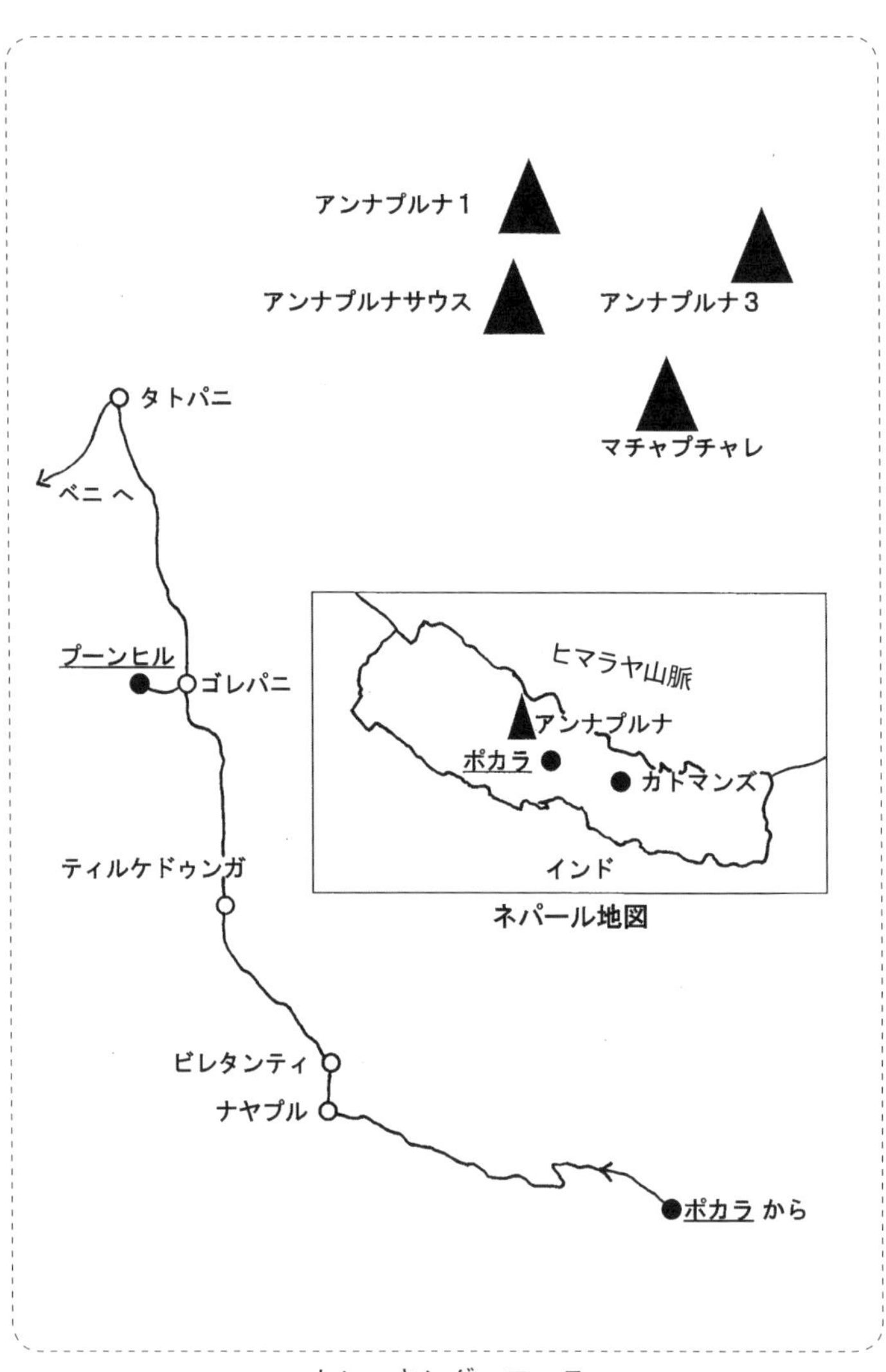

アンナプルナ1
アンナプルナサウス
アンナプルナ3
マチャプチャレ
タトパニ
ベニ へ
プーンヒル
ゴレパニ
ティルケドゥンガ
ビレタンティ
ナヤプル
ポカラ から
ヒマラヤ山脈
アンナプルナ
ポカラ
カトマンズ
インド
ネパール地図

トレッキング・コース

ティルケドゥンガ村に着いたのは夕方。けっこうしんどかった。村の宿に泊まる。
山奥だが、異国の風景を眺めながら歩くのは楽しかった。夜はネパールの酒ククリラムをチビリチビリなめながらサツキさんと話をする。

「ＯＳＨＯのところで坐禅のような瞑想をしたんですけど、よく分からなくって。坐禅のこと、教えてくれませんか」

「いいわよ」

「普通、坐禅ってどのくらいの時間しているんですか」

「一回の坐禅はね、一炷(いちちゅう)っていって、１本の線香が燃え尽きる間、だいたい40分くらいかな。そのあと、坐禅堂や廊下をゆっくり歩く経行(きんひん)をして、また坐る。接心(せっしん)っていって、５日間連続、朝４時から夜10時までの18時間、繰り返し坐り続けることもあるの。それを毎月二回やる」

「ひええ、それ、普通じゃないですね」

「そう、普通じゃないでしょ。普通じゃないのよ、修行って（笑）」

「坐禅はやっぱり〈悟り〉を得るためにするんですか？」

「う〜ん。よくある質問だけど、答えるのが難しい質問よね。答えはイエス、ノーどっちもってとこかしら」

「そうともいえるし、そうじゃないともいえる……」

「どうやって説明しようかしら。そうねぇ……例えばアタシたちは試験に合格するために勉強したり、目標を達成するために仕事をしたりするでしょ。世の中、そういうことって、たくさんあるわよね」

「はい」

「何かのために、何かを期待して、それをする」

「はい」

「そういうことを〈有為(うい)〉って言うの。〈う〉は〝有る〟って漢字、〈い〉は行為の〝為〟」

「有為……」

「結果を期待して行なう行為。つまり〈有為〉の世界は、エゴの世界なのよ。今の世の中、俗世間はみんなそうよね。アタシたちのすることって、ほとんど何かのためにしてるでしょ」

「そりゃまあ……そうですよね」

「勉強でも仕事でもスポーツでもそう。でも、そういう何かの目的のためにする行為って、どうしても競争したり、自分と他人を比較したり、優劣をつけたりするでしょ」

「そうですね」

「そうすると、結果によってハッピーになれることもあるけど、つらい目に遭うことも多いし、傷ついたり劣等感をもったりして、心穏やかではいられないわよね」

「そうですね」

「で、そういう〈有為〉の世界、エゴの世界から出ること。つまり、何かのために行為をしない、競争しない、比較しない、優劣をつけない。そういう世界に入ることが、出家するっていうことなの。で、それを〈無為〉って言うのね。〝無し〟って書いて、行為の〝為〟ね」

「へえ、そうなんだ」

「だからね、最初に戻るけど、〈悟り〉のために坐禅をするっていうのは〈有為〉の世界。まだ俗世間の世界なのよ。そこに〈為に〉があるでしょ。〈悟り〉を求めず、ただ坐る。それが〈無為〉。道元禅師の言う〈只管打座〉なのよ。だからね、坐禅は何かのための手段ではなくて、坐ること自体が目的なの」

「なるほど」

「ただ坐るっていう、なんにもならないことを、とにかくずーっと続ける。そうすると、あるとき、〈気づき〉が手に落ちてくることもある。それを〈悟り〉と言えばそうなのかもしれないっていう感じ」

「そういうことか……。なんかスポーツなんかで、その瞬間瞬間を無心にやることで結果がついてくる……みたいな感じですかね」

「ちょっと違うかもしれないけど（笑）……ちょっと似ているかもしれないわね」

「共通しているのは、何も求めないで、ただその瞬間に集中して生きるっていうことでしょうかね」

「そうね。そこは似ているかもしれない。何かを手に入れるための行為、つまり手段としての行為をしているときって、〈今ここにいる〉ことは難しいのよ。その行為のなかに喜びが見つかれば目的になることもあるんだけど。試験のための勉強なんて、集中できないでしょ（笑）」

「そりゃあ、言えてますね」

「話は少しずれるけど、〈アンダーマイニング効果〉って知ってる？」

「いいえ、知りません」

「なによ。心理学、勉強してるって言ったじゃない」

「はあ……まだかじったぐらいなんで」

「いいわ。教えてあげる（笑）。

お絵かきが好きな幼児を集めて、ふたつのグループに分けたの。で、Ａグループの子たちには、うまく描けたらご褒美をあげるって言って、あとで全員にご褒美をあげる。Ｂグループの子たちには、ただ絵を描きましょうね、と言って絵を描かせた。しばらくこれを続けたらどうなったと思う？」

「ご褒美をもらった子たちは、やる気が出てどんどん描くようになった……」

「ううん、ちがうの。ご褒美をもらった子たちは、自由遊びのときに、絵を描く時間が少なくなったの、明らかに」

「え、そうなんですか」

「つまり絵を描くことが、ご褒美をもらうための手段になっちゃったのよ。もともと〈絵を描くのが楽しい〉っていう、内発的な動機で描いていたのに、ご褒美という目的のための、外発的な動機に変質しちゃったのよ。それがアンダーマイニング効果」

「へえー、アンダーマイニング効果……」

「ほら、勉強も同じじゃない。勉強って、本当は分からないことが分かる楽しいことなのに、周りと比べたり、いい成績をとるとか受験に合格するとかっていう目的が出てくると、とたんに苦行になっちゃうでしょ」

「いやあ、ほんとですね。日本の学校なんか、ずーっと苦行ですもんね」

「そうよ。心理学とかが、ぜんぜん生かされてないのよ。日本って未だに精神論だし、周りと比べるし、とにかくたくさん覚えさせようとするじゃない。あれじゃあ、楽しいわけないし、意欲が続くわけないわよね」

「ええ。その場しのぎの点数は取れても、学ぶ意欲はどんどん下がっていきますよね」

「そう。だいたい教育の目的からまちがえているのよ。国を豊かにする道具としての人間を育てようとしているじゃない。人間はそんな道具じゃないもの。人が〈幸せに生きる〉ことを目的としなくちゃ。国のための教育じゃなくて、人のための教育に」

「……サツキさんは、いろんなことちゃんと考えているんですね」

「そうよ。アタシ、こんな感じだからバカだと思ったでしょ（笑）」

「はい（笑）」

「人はね、見かけで判断しちゃいけないのよ（大笑）。

……で、元に戻るとね、坐禅をすること自体を目的にすること。それが道元禅師の只管打座。そして、その姿、何も求めないで坐る、真剣に生きているその姿こそが、仏の姿なの」

「う〜ん。そこに戻るんですね」

「さあ、講義はこれでおしまい。明日もたくさん歩くから、もう寝ましょ」

サツキさんは博識で、オープン。ほんとに面白い。開き直っているというか、人間そのままというか、ゾルバみたいだなあ。

メメント・モリ

３月21日（２日目）

ティルケドゥンガ村からゴレパニ村（２８５３ｍ）へ。

小さな吊り橋を渡るとすぐに急な登り。休み休み登ったが、かなりきつかった。１時間くらい登ると見晴らしのいいところに茶屋があった。棚田の風景が見渡せた。20～30分登っていく度にロッジが数軒の村。登るとまた同じような村。どの村も小さいが、それぞれの風情がある。きっと歴史があるのだろう。

道は林の中へ入り、また緩やかな登り。ふたりともだいぶ疲れていたので、休憩しながら歩いた。メンバーのバスジが声をかけてくれる。

「ザンプ・ビスターレ」

「ビスターレ、ビスターレ」

ザンプは「さあ行こう」、ビスターレは「ゆっくりと」の意。

温かい言葉だ。どれだけ励まされたろう。

ヘトヘトになりながらも、なんとか目的地のゴレパニ村に着いた。ここにあるゴレパニ峠は目的地プーンヒルへ向かう道が集まる要所。ロッジが10軒ぐらいあって、お店ではクッキーやミネラルウオーターも売っていた。

少し村からはずれた広場に、シバジとバスジがテントを張ってくれた。ドルガジは湯を沸かし、チャイを作ってくれた。僕らはテントに座ってチャイをいただく。いやあ、大名トレッキングで申し訳ない。自然の中で、最高の贅沢です。

その広場にいたイギリス人の夫婦、ピーターとタラのパーティと仲良くなった。夕食後、焚火をたいて、双方のガイドたちも交えて宴会。ネパールの民謡「レッサンフィリリ」と「カルパナ」を教えてもらう。素朴で、あったかくて、聞いていてホッとする。みんなで歌ったり踊ったり。ネパールの山奥で新しい友人との宴会。なんと楽しいのだろう。心配や不安がなくなり、ただ楽しい。今まで味わったことのない楽しさだ。

宴会後、星が降ってきそうな星空を見ながらサツキさんと話をした。

「楽しかったわねえ、今日の焚火の宴会は」

「ほんと。楽しかったですね」

「ところで昨日の話で聞きたかったことがあって、いいですか？」

「いいわよ。あなた一生懸命に聞いてくれるから、楽しいもの」

「昨日サツキさんが言っていた〈有為〉の世界のことなんですけど……俗世間やエゴの世界から離れるって、そう簡単にはできませんよね。私もＯＳＨＯのところで、自分のエゴから離れようと思っていろいろ瞑想をしたりしましたけど、ぜんぜんできませんでした」

「そりゃあ、そうよ。バカねえ（笑）。そんなに簡単じゃないわよ。私だって何年も修行したけど、できないいんだから」

「そうですか」

「坐禅って、〈なんにも言わないで、まず10年坐りなさい〉って言われるのよ」

「えー、10年ですか〜。気が遠くなりますね」

「そうよ。一生続く道なのよ。でもね、一生考えていきたいこと、追求したいことがあるって、いいことだと思わない？」

「そうか。そんな風に考えたことなかった。早く結論を知りたい、答えを知りたいって思ってました」

「それって今の教育の弊害かもね。みんな、すぐに答えを求めたがるものね。答えがすぐに出ないのも、いいことなんだと思うわ。

……さっきの話に戻るけど、多くの師たちがエゴを落とすヒントっていうか、〈道〉を示してくれているから、それに沿って修行すれば、少しずつ成長していくことはできるんじゃない」

「〈道〉ってどんな道ですか？」

「道元禅師はね、こう言っているの。〈吾我（ごが）を離るるには観無常これ第一の用心なり〉」

「どういう意味ですか？」

「〈エゴを離れるには、無常を感じるのが一番いい〉っていうこと。無常って、知ってるでしょ。諸行無常の無常」

「はい、知ってます。〈祇園精舎の鐘の音、盛者必衰の理（ことわり）をあらわす〉でしょ」

「ちゃんと知ってるじゃない」

「中学校の国語の時間に覚えさせられました（笑）」

「よろしい（笑）。諸行無常って、あらゆるものはとどまることなく移り変わっていく、っていうことじゃない。つまり、名誉やお金を得ることができても、それはほんのいっときのことで、すぐなくなってしまうし、最後は、人間何ももたずに、ひとりで死んでいく。そういうことを心の底から認識しなさい、っていうこと。〈メメント・モリ　死を想え〉よ」

「う〜ん。分かりますけど……そう簡単にはできそうもないなあ」

「そうね。分かるわ。死って、無意識のうちに避けてしまうものね。だから練習するの」

「練習？」

「そう。なんでもそうだけど、練習しなきゃできないじゃない。簡単じゃないのよ。できないことは何度も練習するの。まず意識を身体に集中して、自分の身体を感じる。それが最初。でも、それってなかなか難しいの。

それができたら、その身体である自分が死んでいくことをリアルにイメージするの。たったひとりで何ももたずに裸で死んでいく。この世のすべてとお別れするの。

それをイメージしたとき、あなたの心は何を感じる？　あなたの身体は何を感じる？

それを意識する……そしてそれを受け入れるのよ。

力をぬいて、その感覚を抱きしめるの。〈私はそう感じているのね。それでいいのよ〉って自分に言ってあげる。そういう練習を繰り返すのよ」

「はあ……そうなんですね」

「そう、一度死ぬの。それがスタートなの。それから今度は、死んだときの視点から〈今、現在〉を見てみるの。そうすると、自分にとって本当に大切なこと、自分のやるべきことが見えてくる。今が、いのちに満ちている貴重な時間だっていうことが分かるのよ。がんばっている自分が愛しくなったり、苦しまなくってもいいことで苦しんでいるのが見えてきたりもする。

そうすると、ほとんどがどーでもいいことだし、いいとか悪いとか、優れてるとか、劣ってるとかいう二元性の垣根が低くなるのよ。

そうやって吾我(ごが)、エゴから少しずつ離れていくのよ。執着から離れていくの。……あなただって、今生きている人だって、数十年後にはみんな死んじゃうんだから」

「はーそうか……。目からウロコです」

「死ぬときの恐ろしさって、〈自分の人生で、やるべきことはやった〉っていう実感がもてないからだと思うの。だから死ぬ練習をして、エゴを落として、自分にとって本当に大切なことは何かを知る。……そしてそれを生きる。アタシみたいにね(笑)」

「う〜ん。ちょっと今、いいこと言ってくれましたねー。メモしておきたい」

「そうでしょ」

「もう一度ゆっくり言ってくれますか」

「えっと……一回言ったら、もう忘れちゃったわよ(笑)」

明日はいよいよアンナプルナの山々が見渡せるプーンヒル(3198m)へ向かう。

〈愛読者カード〉

●書物のタイトルをご記入ください。

（書名）

●あなたはどのようにして本書をお知りになりましたか。

イ・書店店頭で見て購入した　ロ・友人知人に薦められて

ハ・新聞広告を見て　ニ・その他

●本書をお求めになった動機は。

イ・内容　ロ・書名　ハ・著者　ニ・このテーマに興味がある

ホ・表紙や装丁が気に入った　ヘ・その他

通信欄（小社へのご注文、ご意見など）

購入申込

（小社既刊本のなかでお読みになりたい書物がありましたら、この欄をご利用ください。送料なしで、すぐにお届けいたします）

（書名）　　　　　　　　　　　　部数

（書名）　　　　　　　　　　　　部数

ご氏名	年齢
ご住所（〒　　-　　）	
電話	ご職業
E-mail	

郵便はがき

料金受取人払郵便

牛込局承認

5093

差出有効期間
2024年6月
24日まで
(切手不要)

1628790

東京都新宿区矢来町122
矢来第二ビル5F

風雲舎

愛読者係行

●まず、この本をお読みになってのご印象は?

イ・おもしろかった　ロ・つまらなかった　ハ・特に言うこともなし

この本についてのご感想などをご記入下さい。

優曇華

3月22日（3日目）

ゴレパニ村（２８５３ｍ）からプーンヒル、タトパニ村（１１８９ｍ）へ。

いよいよプーンヒルに向けて出発。サツキさんは健脚。たいてい私は彼の後姿を見ながら歩いている。しばらくすると会話もなくなり、ザッ、ザッ、ザッ、ザッと土を踏む単調な足音だけが聞こえる。いつしか私は足音の世界に入り、大きなものに包まれていく。

歩き始めて約1時間、プーンヒルに。いきなり目の前に光り輝く世界が現われた。

アンナプルナだ！

あまりにも大きい。あまりにも荘厳。

青い宇宙空間にいきなり巨大な大地が天井までせり上がってきたような、この世のものとは思えない世界が眼前に広がっている。「そびえ立つ」なんてもんじゃない。圧倒的な迫力で私の視野のすべてを占めてしまう。

しばらく声も出なかった。

「すごいわねぇ……」サツキさんが笑顔でつぶやいた。

アンナプルナ（「TRAVEL GALLERY」より）

プーンヒルを後にしてからは、ほとんど下り。うっそうとした森の道に敷かれた石段を過ぎると、棚田が広がる村。ところどころにロッジもある。しばらくすると見晴らしのいい場所に出て、歩いてきた道、これから通る村々が見えた。そしてまた急斜面を下りていく。

タトパニに着いたのは夕方。8時間以上歩いたので、さすがに疲れた。ジバンジが作ってくれた野菜たっぷりのおいしい夕食を食べ、幸せな気持ちになる。

食べながらサツキさんと話をした。


「今日のアンナプルナは本当にすごかったわね」

「いやあ、本当に。……言葉では言い表わせない体験でしたね」

「景色を見て、あんなに感動したのは初めてだわ、別の星に来たような感じがしました」

「私もです。なんだか別の世界というか、別の星に来たような感じがしました」

「そうそう、そんな感じよね。分かるわ、その感じ」

「きれいだとは思っていたけど、あんなに荘厳なものだとは思いませんでした。神を感じましたね」

「たしかに……神の世界よね。ヒマラヤを登山する人がいるけど、あんな神聖なところに登っちゃいけないわよね（笑）」

「分かります、分かります（笑）。人を寄せつけないような神聖さを感じますよね」

「アタシね、道元禅師の優曇華（うどんげ）の話を思い出したわ」

「え、うどんですか？」

「やぁね、食べ物のうどんじゃないわよ（笑）。う・ど・ん・げ。優しい、曇り、華やかって書くのよ。優・曇・華」

「へえ、そういう字なんだ。どういう意味なんですか？」

「３千年に一度だけ咲くっていう伝説の花なのよ」

「へえ、その花のどんな話なんですか？」

「道元は日本では自分の疑問に答えてくれる師がいなくて、師を求めて中国にまで行ったのよ。そこで何人もの師について修行したんだけど、求めているような師に出会えなかったのね。でも最後に、如浄（にょじょう）禅師（１１６３年～１２２８年）というすばらしい師に出会うことができたの」

「はい」

「そこで初めて〈坐禅という修行そのものが悟りである〉っていうことを教わるのよ」

「その如浄禅師から教わったんですか？」

「そう。で、彼は悟りを求めようとする気持ちを捨てて、ただただ一心に坐禅を続けたの。そしてあるとき、解脱した。雪の中に咲く梅の花を見て突然気づいたの。〈なんと、毎年見ていたこの梅の花こそが、3千年に一度咲くという優曇華だったのか〉って。そのとき道元は、この梅の花こそが〈釈迦如来のまなこ〉であり、自分こそ仏だったんだ、っていうことをしっかり受け止めることができたんですって」

「すごいですね。開眼した瞬間……っていう臨場感がありますね」

「そうでしょ。なんかさあ、アタシはちっとも開眼してないけど、今日のアンナプルナは優曇華を見たような感じだったと思わない」

「ああ、たしかに。……生まれて初めて目が開いたような……そんな感じがしましたね」

「アタシも。……やっぱりここまで来てよかったわ。苦労してここまで歩いてきたからこそ、こんな体験ができたのね」

「ほんとですね」

「道元にとっては、如浄禅師との出会いは3千年に一度の奇跡だったんだと思うわ……アタシたちが生まれてきたことも、誰かとの出会いも、こうしていることもそうなんでしょうね」

「そうですね……きっと。それをたくさん感じられるようになりたいですね」

「そうね。ほんと。きっと小さいときはみんなそんな感覚をもっていたんでしょうけど、いつしか置いてきちゃうのよね。修行するって、もともとの自分、一番はじめの自分に戻ることなのかもしれないわね」

「一番はじめの自分かぁ……そうですね」

「なんだかアタシたち、ヒマラヤまで来て、毎日仏教教室やってるみたいね。お月謝いただこうかしら（笑）」

「だってここ、お釈迦さまが生まれたところなんですから、仏教教室ピッタリじゃないですか」

「そうね、たしかに（笑）」

宿なし興道

3月23日（4日目）

タトパニ村（1189m）からポカラへ。

トレッキングも今日で終わり。ポカラにもどる。

渓流に沿って緩やかな下り坂を歩いていく。下界に降りてきたなぁ……という感じ。ホッとするような、でも淋しいような気もする。途中の集落もだんだん大きくなって、食堂や宿がある村になる。今日の下りはかなりきつくて、ふくらはぎが痛い。ヒンドゥー寺院のあるところから乗合自動車に乗り10分ほどでベニに着いた。大きな町。ここからバスでポカラへ戻る。約4時間半かかってポカラに到着。

同行したヤダジ、ドルガジ、バスジ、シバジと別れるのも名残惜しい。みんないい奴だった。ネパールの民謡を教えてもらったり、おいしい料理を食べさせてもらったりと、おかげでほんとうに楽しいトレッキングだった。

夕方6時ごろ、フェワ湖のレイクサイドのニュー・ポカラ・ロッジに入る。周りはもう静か。夕食のとき、久しぶりにビールを飲んだ。うまい。夕食後、サツキさんと仏教教室。

「OSHOのところで考えていたことなんですけど、私たちってみんな、自分なりに〈これはこうあるべきとか、こうするべき〉とかいう考えをもっているじゃないですか。そしてそれで自分をしばっている」

「そうね」

「でも、それって親からしつけられたり、学校で教えられたり、周りの人や世間の価値観を自分のなかに取り込んだものがほとんどでしょ。で、親も学校も世間もみんな、その時代時代の不完全な偏（かたよ）った見方、考え方をもっていますよね。

　戦争のときなら敵を殺すことをよしとするような価値観、今ならいい大学に入ったり、金をたくさんもうけたりすることをよしとするような価値観。……だから当然、そのなかにいる私の考えも価値観も偏っている。そして私たちはその偏ったフィルターを通して世界を見て、いいとか悪いとか、優劣をつけたり評価したりしていますよね。これって二元性の世界にいることですよね」

「そうね」

「だから自分のフィルターを透明にしたいって思うんですけど、もっている価値観を手放すのは簡単じゃないですよね。〈こうあるべき〉が自分に染みついちゃっていて、意識しなくても、頭のなかで人や物に優劣をつけたり順序をつけたりしちゃうんです。選んだり分けたりする二元性の世界にどっぷり浸かっちゃっている」

「みんなそうよ」

「そこからどうやって抜け出したらいいんですか？」

「そうね。答えになるか分からないけど……ひとつは、そういう自分に気づくことじゃないかしら。今あなたはそういう思考に気がついているんだから、いいんじゃない。

　そして、気がついたら、ちゃんと意識するようにしてごらんなさい。〈あ、また優劣つけている。評価している。いらない価値観が出てきたな〉って。意識すると、光が当たって少しずつ減っていくと思うわ。でも闘わない。そういう思考も受け入れることね」

「受け入れる？」

「そう。〈そう思っちゃうのも仕方のないことだよね〉って自分を受け入れる。〈なんとかしよう〉なんて思わずに、〈それでいいんだよ〉って自分に言ってあげる。闘ったり、自分を責めたりしない。浮かんできた思考はまず受け入れる」

「意識する、そして受け入れる……」

「だいたい人間の考えや価値観なんて、本当にとるに足らないものだっていうことを意識するのもいいかもね。

アタシたちが知覚しているのは世界のごく一部。紫外線や赤外線は見えないし、聞こえる周波数も限られている。人間に見えないもの、聞こえないもの、感じられないもの、分からないことは無数にある。

〈こうあるべき〉なんて、そんな頼りない知覚に支えられた脳で未熟な人間が考えたものなんだから、サル知恵よ（笑）。優劣や順番をつけて評価している自分に、〈今のはサル知恵。もっと宇宙とつながった思考をしよう〉って言ったらどう。おサルさんには悪いけど（笑）」

「う〜ん。そういわれれば本当にそうですね」

「『宿なし興道』って呼ばれた澤木興道禅師がうまいこと言ってるのよ。ちょっと待って、好きな言葉、手帳にメモってあるの。これこれ……」

○現実、現実と言うが、これみな夢である。夢のなかの現実でしかない。革命とか戦争とか言うとドエライことのように思うておるが、やはり夢のなかのものがきである。死んでみれば「夢だったな」とよう分かる。

○われわれの考えでできたものは、また、考えで壊れる。思想というものがどれだけ立派な思想でも、考えで作った思想なら、考えで壊れるのである。すべてこしらえたものは壊れるのである。

○金持ちも貧乏も、エライもエラクナイもみんなありゃせん。チカチカッとするだけである。

「もっともっとあるけどね」

「すごいですね、澤木禅師。言っていることも、表現もすごい！」

「そうでしょう。アタシ、もうファンなのよ。豪快でユーモアがあって、自分の悩みが小さくなっていく感じがするのよ。カレンダーみたいに、家に掛けておくといいかもね（笑）」

「これ、メモさせてもらっていいですか?」

「もちろん」


澤木興道禅師の言葉（サツキさんのメモより）

○よう「これは大事なもんで」と言うが、実は何が大事なものか。何も大事なものなんてありはせん。死んでいくときには、みんな置いてゆくんじゃ。奈良や京都にある文化財たら国宝たら言うても、どうせいつかは無うなるんじゃい。そんなものスッポリ焼けてしもうてもええんじゃ。
○坐禅は、宇宙とぶっつづきの自己になること。
○乞食でも笑うことがあり、億万長者でも泣くことがある。なあに、大したことはないんじゃ。

サツキさんによると、澤木興道禅師は「坐禅、坐禅で一生を棒にふった男」と呼ばれたそうだ。ほめ言葉。

みじめな生い立ち、波瀾万丈な人生のなか、真実の「道」を求めてたったひとりで血のにじむような修行を続けた人。一切の宗門派閥に加わらず、何の色合いももたず、ただ真実の仏法に生き、なんにもならない坐禅に一生を捧げた人――であったそうだ。

そんな人だからこそ透明な視点で物事を見ることができたのだろう。

「奈良や京都にある文化財たら……そんなものスッポリ焼けてしもうてもええんじゃ」には驚いた。僧侶が言えることじゃない。

ＯＳＨＯのときも感じたけど、この人も普通じゃない。タブーをもたず、世間も政治も仏教でさえも、まっさらな目で見通している。そして遠慮なく、真理の側から言葉を伝える。ストレートに豪快に……なんと大きな人なのだろう。

『虔十公園林』

3月24日
ポカラは静かな街。ぐっすり眠れて、お腹の調子もいいようだ。久しぶりの洗濯。着ているもの以外ほとんど全部。１時間近くかかった。空気が乾燥しているせいか、乾くのが早い。助かる。
夕方、バスジたちと一緒にフェワ湖でボートに乗ろうと思っていたが、これからカトマンズに帰るバスに乗るとのこと。サツキさんとバス停まで行き見送った。

結局、サツキさんとふたりでボートに乗る。湖はとても静かで、夕日が湖面に映っている。ボートに乗りながら話をした。


「ほらほら、夕日が湖に映ってるわ」

「ほんとだ。キラキラしてる」

「きれいねぇ。……ねえ、普通〈心〉って自分のなかにあって、今みたいに、何かを感じたりしているもののことを言うじゃない」

「そうですね」

「でも禅では、その〈心〉が認識しているものすべてを〈心〉って言うのよ」

「え、そうなんですか。ということは？」

「この湖も、夕日も、ボートも、あのヒマラヤもみんな〈心〉なの。道元禅師は〈世界は私たちの心そのもの〉って言っているの」

「どうしてそうなるんですか」

「うん。アタシもよく理解できてないかもしれないけど……あなたは〈あなた〉というフィルターを通してすべてのものを見たり感じたりしているじゃない？　つまりこの世界、あなたが見ているこの世界は、あなたという主観が反映されたあなたの〈心〉の世界ということになるんじゃない？」

「そうか、そうなるか」

「仏教では、〈見るもの〉としての主観と、〈見られるもの〉としての客観を対立させずに一体のものとして見るのよ。だから自分と他人、自分と自然は切り離すことができないものなの。だから〝世界は私たちの心そのもの〟なんだと思うわ」

「へえ、すごいなあ、仏教。ぶっ飛んでいますね」

「ほんとね（笑）、ぶっ飛んでいるかもね。なんかパンクかもね（笑）。……だから自分と他人とを分けて比べたり競争したりすることは、自分を苦しめることになるし、環境を破壊することは自分を破壊することになるのよ。すべては自分なんだから」

「たしかに……そういうことになりますよね。なんか目の前が開ける感じがする。……仏教って大きいですね。……すべてのものが自分だとしたら、もっと愛することができるかもしれないですね」

「そうよね。大切に思うことができるわよね。……この話をすると、なぜか宮沢賢治が浮かんでくるのよね」

「『雨ニモマケズ』のですか？」

「そう。宮沢賢治の童話の中の、分け隔てのない感覚が思い出されるからかなあ」

「そうなんですか。たしかに宮沢賢治の童話には何というか……仏教的な世界観を感じますけどね」

「そうでしょ。賢治は『法華経』を信奉していたのよ」

「そうなんだ。『法華経』ですか」

「そう、あの日蓮聖人の『法華経』。ブッダの仏教は基本的に自分を救う教えだったけど、『法華経』は衆生（しゅじょう）、つまりみんなを分け隔てなく救う教えなのよ」

「え、そんな違いがあるんですか」

「そうなの。方向性がだいぶ違うでしょ。『雨ニモマケズ』の中で、賢治が、〈自分を勘定に入れず、みんなを助けたい、褒められもせず、苦にもされないデクノボーになりたい〉って言っているじゃない」

「はい」

「それはね、『法華経』の「常不軽菩薩（じょうふきょうぼさつ）」の姿なの。常不軽というのは、常にどんな相手でも軽んじないで大切に思うってこと。人間への尊敬や愛情を強くもっている菩薩さまなのよ」

「そうなんですか。そういうバックグラウンドがあったんですね」

「そうなの。賢治は若いころ、ずいぶん熱心に修行したり、周りに入信をすすめたりしていたらしいわよ」

「へえ、そうなんだ」

「そう。あなた、賢治の『虔十公園林（けんじゅうこうえんりん）』っていう作品知ってる？」

「いや、読んだことないです」

「賢治らしくて、アタシすごく好きなのよ。

簡単に言うとね……主人公の虔十は村の子どもたちから〈少し足りない人〉って思われていたの。森や自然が大好きで、風が吹くだけでもうれしくなって、〈はあはあ〉って笑っている……。おかしいでしょ。

あるとき、虔十が、〈野原に杉を植えたいから苗を買ってほしい〉って言い出すのよ。家の人も、愚直で何ひとつ欲しがらない虔十の望みだからって、買ってあげたの。そうして彼が杉を植えた野原は、子どもたちの大好きな遊び場になっていった。

そのあと虔十は病気で亡くなるんだけど、その林はずっとみんなに愛され続けたの。

その後何十年かたって、当時子どもだった人が博士になって村に戻ってきて、そんな林を見て虔十のことを思い出すの。そして、誰がほんとうにかしこいかなんて分からない、〈少し足りない〉って思われていた虔十こそが、〈ほんとうに大切なこととは何かを教えてくれた〉って思うのよ。それで『虔十公園林』っていう名前をつけて保存されることになったの。……すごい、ちゃんと覚えてたわアタシ。いいお話でしょ」

「いやあ、いい話ですねえ。虔十か。あこがれるなあ。〈はあはあ〉笑っている……ってい えば、この間プーンヒルでアンナプルナが目の前に広がったとき、サツキさんも〈はあはあ〉笑ってましたよ（笑）」

「あらそう？　そういうあなたもそんな感じだったわよ（笑）」

自分を愛する

3月25日
にぎやかなレイクサイドから静かなダムサイドに宿替え。トラゴパンというきれいなホテルへ。1泊50ルピーと安い。レイクサイドからダムサイドまでふたりで重い荷物を担いで歩いた。ポカラは本当にゆったりできる。自然や風景も、のどか。人々ものんびりしていて、朴訥（ぼくとつ）でかわいらしい感じ。インドとはぜんぜん違う。
午後は部屋でゆっくりして疲れをとった。夕方になってサツキさんと湖畔の屋台に行く。夫婦ふたりで経営しているようだ。とってもにこやかで、心が洗われる。ネパール餃子のモモを食べて、ビールを飲む。ああ、なんという幸せ。心が安らかになる。
サツキさんは明後日の便でカトマンズに戻り、30日には帰国すると言う。気が合っていたので、別れるのは寂しい。

私は2、3日ゆっくりしてから、陸路でインドのバラナシに向かうことにする。

バラナシはヒンドゥー教の聖地。ガンジス川のガート（沐浴場）で沐浴する人々はインドの象徴なので、一度は見ておきたい。

ホテルに戻ってサツキさんとネパール焼酎ロキシーで一杯やりながら話をする。

「サツキさんが雲水をやめたのはどうしてなんですか？」

「そうねぇ〜、それもまたいろいろあってね……。夢中で修行をしてたのよ、3年間。アタシ、今までの人生のなかであんなに真剣に生きたことはなかったわ。

でも、あるとき、気づいたの。アタシ、修行に依存しているんだって……修行していて分かったのは、〈自分〉がいないのよ、空っぽなの。まだ、人間にもなっていないんだって……妖怪人間のベム・ベラ・ベロみたいよね（笑）。

今までの自分は、周りに作られて、そのとおりに演じてきたお人形さんだったんだ、だから自分がいないいんだって」

「はい……」

「そのときね、アタシのなかにね、自分を生きたい、本当の自分を生きたいっていう衝動が出てきたの。きっとそれまでも、ずーっとその衝動が叫んでいたのね。だから苦しかったんだと思うわ」

「はい……」

「それでね。永平寺のころね、アタシが大好きだった粗道禅師っていう人がいてね。粗末な道って書くのよ、ステキな名前でしょ。おだやかでスミレの花みたいな人で、苦しいとき、いつもその人に相談してたの。

粗道さんは、よく言ってくれたの。〈サツキさん、その苦しさは、あんたのせいじゃないよ。あんたのせいじゃないよ〉って。それから〈サツキさんの魂が生まれようとしているんじゃ。生まれて、自分の五感で世界を感じておいでな。人間はそのために生まれてきたんじゃ。生きることが修行じゃ〉って」

「へぇー。すごいなあ、その禅師」

「それでね、こうなっちゃったのよ（笑）」

「こうなっちゃったんですね（笑）」

「それでそのとき、もうひとつ気づいたことは、アタシ、〈自分を愛してあげるのを忘れてたんだ〉って」

「自分を愛してあげていなかった？」

「そう。ずっと自分を愛することができなかった。アタシはみんなと違って同じことができないし、男にもなれないし、劣っている存在なんだって、ずーっと思っていたの。

自己肯定感が低かったのね。自分が悪いって、ずっと思っていたのよ……だから自分を好きになれなかった、愛してあげられなかった。

でも修行をしながら粗道さんの言葉をかみしめているうちに、自分が悪いんじゃなかったんだって思えてきたの。〈自分を愛せない自分〉っていうフィルターを通して世界を見てたのが分かったの。

それじゃあ、他人を愛せるわけないし、世界を愛せるわけないわよね。だからね、自分に向かって言うようにしたの。

サツキ、あなたを愛してるわ。

サツキ、大好き。

サツキ、がんばっているね。

サツキは、すごいよ、ってね」

「……そうなんだ」

「ほら、人間って放っておくと、すぐマイナスのこと考えちゃうじゃない。それがずっと自分をいじめてたのよね」

「うん。うん」

「頭のなかに、いつもマイナス思考の水が流れているから、それが深い溝になっちゃって、思考がすぐそこに流れちゃうのよ。でね、その溝を埋めようと思ったけど、すごく難しくて。それより新しい溝を作ったほうがいいと思ったの。

マイナス思考が出てきても〈ハイハイ、いいのよ〉って受け入れる。すぐに切り替えるようにしたの。外に出て、歩いたり、周りを五感で感じたり。そして〈サツキ、大好きよ。人生はあなたを愛しているわ〉って自分に言ってあげるの。できるだけたくさん。マイナスにスキを見せないようにね（笑）。

それをずーっとやってたら、ずいぶん楽になったの。空虚がなくなって、自分の内側に明かりが灯るようになったの。〈自分を救えるのは自分だけ〉っていうのは、本当なんだって思ったわ」

「すごーい……なんだか涙が出ちゃいますね」

「そう。つらい経験って、何かを生み出す力があるのよね。苦しくって、切実で、いつも考えているから、なんとかしようと工夫するのね」

「そうか、そうかもしれないですね」

「永平寺を出るころには、以前よりずっと世界がクリアに見えたわ。自然や風景を見て、キレイだなっていう気持ちにとどまっていられるの。以前はすぐ思考がジャマしちゃったけど。……アタシのフィルターが少し透明になったんだなって思ったわ」

3月26日

このあとインドに入るので、ポカラのイミグレーションオフィスにビザの延長に行った。しかし窓口の人に「必要ない」と言われる。他の事務員さんたちに訊いても、みんな「No problem!」。ふに落ちなかったが、そのままホテルに戻ることにした。

途中、トレッキングで一緒になったピーターとタラの夫婦に会った。近くのＰＡＲＫゲストハウスにいるというので、一度ホテルに戻って、写真を渡すために彼らのホテルに行く。写真を見せたら、とても喜んでくれた。その足で旅行社に行き、バラナシ行きのバスを予約する。バラナシまではアップダウンのある道のりで2日かかるとのこと。

夕方、サツキさんとホテル前の小さな屋台へ行く。焼酎のロキシーとネパール餃子のモモを注文して飲みながら音楽の話をした。

「あなたはどんな音楽を聴くの？」

「そうですね。日本人だと遠藤賢司が好きです。あとはボブ・ディラン、ジョン・レノン、ニール・ヤング、ボブ・マーリーってとこかな。ジャズも好きです。マイルスとかビル・エヴァンスとかキース・ジャレットとか」

「へえ、結構マニアックというかシブイというか、いろんなの聴いてるのね。やっぱりアタシと趣味が合うわ。ボブ・ディランはどのあたりが好きなの？」

「そうですね。何年か前にリリースされた『欲望』ってアルバムなんか好きですね。あのバイオリンが入っているやつ」

「あ、やっぱり。あのアルバムいいわよね。なんか独特の、切ない世界があって」

「そう。アルバム全体がひとつの色で染められてて……どの曲も好きだけど、『サラ』が好きですね。出ていっちゃった奥さんのことを歌っている曲」

「知ってる、知ってる。オレが悪かった、戻ってきてくれってやつね。切なくていいわよね。ディランかわいいとこあるわよね。ジャズはどんな曲が好きなの？」

「最近すごく好きなのはキース・ジャレットの『ザ・ケルン・コンサート』ですね」

「えー、やっぱり……分かるわ。あんなに美しい曲はないわよね」

「そうそう、最初の数秒で異世界に連れていかれますよね」

「そう、分かるわ。神が降りてきているわよね、あの演奏」

「そう。魂に響いてきますよね」

「うれしいわ。久しぶりに音楽の話で共感できたわ」

「そうですね。なかなか音楽の趣味が合う人、いませんもんね」

「そうだ。ジョン・レノンの『Oh my love』知ってる？」

「知ってますよ。よくギターで歌います」

「歌詞、知ってる？」

「う～んと、出だしはこうでしょ？

Oh my love for the first time in my life. My eyes are wide open」

「そうそう、それから？」

「えっと……出てこない（笑）」

「そのあとはね、Oh my lover for the first time in my life. My eyes can see」

「おー、よく覚えてますね」

「うん。好きだから。前にこの曲を聴いて思ったんだけど、この歌詞みたいに、人は恋をすると、見える世界がちょっと変わってくるじゃない」

「そうですね。ウキウキしますからね」

「そう。自分の内側に喜びがあるから。

この前の話ね、自分を愛するっていう話の続きになっちゃうんだけど、アタシね、自分に恋をしたらいいんだなって思ったの」

「ほー、それは……」

「自分には、自分のことを一番分かってくれている自分がいて、死ぬまで一緒なのよ。その自分と恋をしていたら、心に喜びや愛が生まれるんじゃないかと思ったのよ」

「すてきですね、それ」

「でしょ。アタシはいつでもアタシの味方。いつでも〈それでいいんだよ〉って受け入れてくれて、がんばったら〈よくやったね〉ってほめてくれる。そして〈大好きだよ〉って愛してくれる。そんな自分と恋をするのよ」

「いいですねぇ」

「アタシ、以前は心にポッカリ穴があいていて、誰か好きな人に埋めて欲しいって思ってた。以前つきあった人にも〈愛情をもらいたい、それで自分を満たしてもらいたい〉って思ってたのよ。でも、やっぱりダメね。しばらくは幸せだったけど、愛情の奪い合いというか、〈どうしてこうしてくれないんだろう〉っていう思考になっちゃって……しばらくするとイガミアイになっちゃう」

「そういうもんですか……」

「ええ、そういうもの。やっぱりね、自分が自分を愛せてないとダメなのよね。自分で自分を満たしてあげることができないと……そういう自分じゃないと他の人なんか愛せない。まあ、経験してみないと分からないと思うけどね」

「そうなんでしょうね。サツキさんは経験豊かなんですか？」

「そりゃあそうよ。だって永平寺にはいい男がいっぱいいるんだから（笑）」

「それって、まずいんじゃないですか（笑）」

ゾルバ・ザ・観音

３月27日
朝５時30分起床。屋上に上がった。遠くにアンナプルナサウス山やマチャプチャレ山が見えた。湖の近くのホテルの旗が揺れていた。今日の始まりはまた洗濯。これで午前中が終わる。屋上に干して、その前で一枚写真を撮った。昼はまたボートを借りて、対岸のフィッシュテイル・ロッジへ行き、レストランでサツキさんとお別れランチ。庭には花が咲き乱れ、別世界みたいだった。
夜はまたまたふたりでロキシーを飲みに湖畔の屋台へ。今日は屋台のダンナに「today no meat!」と言われ、チーズボールを肴（さかな）に飲んだ。

「トレッキング、楽しかったわねえ」

「ほんとに。ただただ楽しかったですね。何も心配せず、何も気にしないで大自然の中にいるっていうのは……最高でしたね」

「ほんとね。……さて、今日が最後の仏教教室になるわね」

「そうですね。毎日いろんな話が聞けて本当に楽しかったです」

「さあ、最後はなんの話にしようかしら……そうだ、いい話がある。この言葉知ってる？」

『善人なをもて往生をとぐ、いはんや悪人をや』」

「さすがに知ってます。親鸞のことが書かれた『歎異抄』の一節ですよね」

「そのとおり。でもこの言葉は師匠の法然ゆずりなんだけどね」

「そうなんだ」

「そう。で『歎異抄』は親鸞の弟子の唯円（ゆいえん）が書いたの。歴史で習った？」

「ええ、日本史でやりました」

「さっきの言葉、意味は分かるわよね」

「分かります。〈善人が救われるのだから、悪人が救われないわけはない〉っていうことですよね」

「そう。そのとおり。でもそれって、おかしいと思わない？」

「いや、思います。悪いことをした人のほうが救われるなんて、ちょっとおかしいですよね」

「そう思うわよね、普通。でもね、ここで言う善人と悪人は、定義が違うのよ」

「そうなんですか」

「世間一般では、法律や道徳を基準にして〈善人〉とか〈悪人〉とか言ってるでしょ」

「ええ、そうですね」

「でもここで言う〈善人〉は戒律を守り、他の力に頼らなくても自分の力で修行できる人のことなの。で、〈悪人〉はそれができない人。つまり煩悩があって、どんな修行をしても迷いの世界から離れられない人のこと」

「そうなんだ。じゃあ、私は悪人ですね」

「そうよ。アタシは極悪人（笑）。……でもね、自分の力だけではどうにもならない、そういう苦しみのなかにいる〈悪人〉こそ救いたい、というのが阿弥陀仏が立てた本願なの」

「え、そうなんですか」

「だから、頼る心がない〈善人〉でさえ往生できるのだから、阿弥陀さまの助けを必要としている〈悪人〉が救われないわけがない、ということになるの」

「そうか。そういうことなんだ」

「親鸞はこう言っているの。迷いの世界にいる〈悪人〉でも、心から阿弥陀さまの本願を信じて念仏すれば、その瞬間に阿弥陀仏が現われて、摂取不捨（せっしゅふしゃ）、つまりアタシたちを仏の世界に収め取って、離さないでいてくれる、人々を仏にする働きに参加させてくれるって。だから念仏をする人の姿は、そのまま阿弥陀仏が働いている姿でもあるのよ。そういう意味では、坐禅と似てるわよね」

「そうなんだ。念仏ってなんだか〈神頼み〉みたいに思っていたけど……阿弥陀仏にゆだねて、念仏することで仏になることなんですね」

「そうなの。当時は飢饉なんかもあって、みんな生きるので必死。自分で功徳を積むことができるような人ばかりではなかったのよね。ほとんどの人が非力な弱者だった。

親鸞はそんな人たちを救いたかったのね。弱者にとって〈信じること〉こそエネルギーとなるし、根源的な力が湧いてくることなんだって、身をもって知っていたから」

「親鸞、やさしいですね」

「そうね。自分の弱さや煩悩の深さが分かっている人だったから。

親鸞の師の法然は戒律を守り通したけど、親鸞は人間としての欲望を絶つのは無理だと思ったの。だから世俗にまみれ、肉食妻帯にも踏み切った。そのかわり親鸞はものすごく懺悔（ざんげ）もしている。自分は極悪人で、地獄しか行くところがないって言ってるの。そういう人だからこそ、弱い人々の気持ちが分かったのね」

「とことん人間らしい人だったんですね」

「そうね。人間という存在をよく理解していたのよね。そう、それでね、あるとき親鸞が弟子の唯円にこう言うの。〈唯円房は私の言うことを信じるか？　信じるなら千人殺してきなさい〉って」

「えー、むちゃくちゃですね」

「そう。むちゃくちゃでしょ。困った唯円は、〈自分の器量ではひとりの人間さえ殺すことはできません〉と答えるの。

　すると親鸞は、こう言うの。〈これで分かるだろう。何でも自分の意志で決めることができるなら、千人を殺しに行くこともできる。しかしあなたは、できないと言う。それはあなたには、ひとりの人さえ殺す〝業縁（ごうえん）〟がないからなのです。自分の心が善くて人を殺さないのではありません。反対に、人を殺さないでおこうと決めていても、〝業縁〟が働けば、百人でも千人でも殺すことになるのです〉って」

「へえ、〈業縁〉ですか」

「そう、行為の因縁ね。人間は〈業縁〉が働けば、殺人でも何でもするの。戦争のときなんかそうよね。誰もが〈業縁〉しだいで何をするか分からない。弱くて、心許ない存在なのよ。つまり、アタシたちはたまたま人を殺さないでいられるだけなの」

「そうなんですか……なんかまだピンとこないけど……」

「こんな話があるの。第二次世界大戦のとき、アウシュビッツ収容所の所長だったルドルフ・ヘスっていう人がいたのね。彼の指揮のもと、小さな子どもを含め多くのユダヤ人が虐殺された。なんと150万人。

彼のこと、とんでもない悪魔だって思うでしょ。でも彼は5人の子どもたちのやさしいお父さんだったの。娘は彼のことを〈最高にやさしい父で、いつも『ヘンゼルとグレーテル』を読んでくれた〉と言っているわ。

そんな彼はある意味、行政機構の末端にいた。つまり公務員としての職務命令を受けて、虐殺を遂行した。娘は〈父がやらなければならなかったのよ。やらなければ家族がどうなるか分からなかったから……〉とも言っている。つまり彼は悪魔ではなく、どこにでもいる平凡な男だった。もちろん、したことは絶対に肯定できることではないけれど……。

ユダヤ人哲学者ハンナ・アーレントは〈悪の凡庸さ〉という言葉を残しているわ。悪魔のような行ないは、思考をしない平凡な人間によって引き起こされるって……。こんな話はいくらでもあるのよ。人間の業縁の恐ろしさよね」

「ふーん、そうなんだ」

「『さるべき業縁のもよおせば、いかなるふるまいもすべし』これも親鸞の言葉。

そのとおりよね。状況次第で人はどんなことでもする。

アタシたちはそんな業縁を背負いながら、弱く愚かな自分を抱きしめて生きていくしかない。そう考えると〈悪〉をなした人を簡単には非難できないわよね」

「ほんとですね。……いやあ、親鸞、すごい人ですね。この間聞いた道元とはまったくタイプは違うけど」

「そうね。道元とは違う意味で、突き抜けたような人だったのよね。……そうそう、こんな話もあるの。……あらやだ、アタシ。調子に乗ってきちゃってるわ。話が止まらない（笑）。一杯飲むわ」

「どうぞ、どうぞ」

「もう少し話していい？」

「もちろんです」

「ではお言葉に甘えて。あるときね、50歳年下の唯円が、勇気をだして親鸞に悩みを相談したの。〈念仏をすれば喜びの心が湧いてくると言われているのに、私にはなぜか喜びが湧いてこないのです〉って……。親鸞はなんて言ったと思う？」

「さあ、なんかアドバイスしたんですか？」

「……なんと、こう言ったの。〈この親鸞もなぜだろうと思っていたのです。唯円房よ。あなたも同じだったんですね〉って。

……すごい人でしょ？　80歳過ぎた有名な開祖が弟子に凡夫のままの姿をさらす……それが親鸞の魅力よね。それで言うの、〈だからこそ私たちは救われるのですよ〉って」

「へえ、大きいですねえ。……そのままの自分でいる」

「それでね、こんな言葉も残しているの。

〈弥陀の五劫思惟（ごこうしゆい）の願をよくよく案ずれば、ひとへに親鸞ひとりがためなりけり〉」

「どういう意味ですか？」

「阿弥陀仏が、計り知れないほどの長い間、思いをめぐらして立てられた本願をよくよく考えてみると、それはただ、この親鸞ひとりをお救いくださるためであった」

「阿弥陀仏は、私を救うためにこそ存在してくれている……と？」

「そう、悪人こそ救われるという教えは、私のためにこそある。それほど自分の煩悩は深いっていう気持ち。よくぞこの教えに出会えたっていう感動が伝わってくるでしょ」

「ほんとですね。いやぁ、親鸞。しびれますね」

「そう、仏教って本当はしびれるものなのよ（笑）。

……さあ、アタシの仏教教室はこれでおしまい。濃いところをたくさん伝えたわよ」

「本当に濃かったです。しびれっぱなしでしたよ（笑）」

「そう、うれしいわ。なんかアタシ思ったんだけどさぁ、新宿のお店で仏教教室開こうかしら。あなたにいろいろ話していたら、けっこう楽しいかもって思っちゃった。なんか新しい道が見えてきたわ」

「いやあ、いいと思います。サツキさんの話はすっごく面白い。聞きたい人、いっぱいいますよ」


心からそう思った。サツキさんの話はいつまでも聞いていたかった。やさしい表情で生き生きと話すサツキさんは元気な観音様のようだった。「ゾルバ・ザ・観音」そんな感じだ。

「あなたと話をするのは、すっごく楽しかったわ」

「私もです。楽しかった。本当にいろんなこと教えてもらって」

「あなたは特別な人ね。あなたと話しているとどんどん言葉が出てくるの。あなたがアタシを受け入れてくれるのが分かるから安心するのね。

アタシ、あなたに話すことで、たくさん気づきがあったわ。自分はこんなことを考えているんだってね。だからアタシにとってもステキな時間だったわ。あなたに会えてよかった。本当にそう思うわ」
「いいえ。こちらこそ。会えてよかったです。トレッキングまで一緒に行くことができて、運命の偶然に感謝です。おかげで今まで考えてもみなかった世界が見えて……ほんとうに幸運でした」

3月28日
朝食をとってから、タクシーで空港に向かうサツキさんを見送った。別れ際、サツキさんは私をハグして「大好き」って言ってくれた。急に涙がポロポロ出てきた。大好きって言われるのって、こんなにうれしいことなんだ。「私も大好きです」と伝えた。心が通い合うことは、魂が喜ぶこと、全身が喜ぶこと。
サツキさんは「ラブレターじゃないわよ」って言いながら手紙をくれた。「旅の終わりに読みなさい」と。

タクシーが行ったあと、その場にしばらく立っていた。時間が止まったような感じがした。

……そしていつからか、何かから解放されて、心が軽くなっていることに気づいた。
遠くに見えるアンナプルナだけが、別世界にあるように浮かび上がって輝いていた。

（第4章）

バラナシへ

「クミコハウス」で

3月29日

ポカラも今日で最後。早朝にしか見えなかったヒマラヤが8時ごろまで見えていた。ヤダジたちの写真をオフィスに届け、商店街でこまごましたものを買う。ひとりになって気が抜けたのか脱力感。ボーッとしながら明日バラナシに行くための荷造り。元気なサツキさんとずっと一緒だったので、いないと、なおさら寂しい。

3月30日

5時半起床。6時チェックアウト。少し早めにバス乗り場へ行く。バスに乗ろうとすると、荷物はバスの屋根の上にポーンと載せられた。7時出発。話に聞いていたとおり、道々地元の人たちを乗せたり降ろしたりと、まるで乗合いバス。かなり混んできて屋根の上に乗る客もいる。空いている席もなく1時間ほど立ちっ放し。右隣の軍人さんも左隣のおじさんも親切だった。

道路はかなりワイルド。途中ところどころ、谷底まで200mはあるだろう崖の上を走る。ここで落ちたら一巻の終わり。バスは崖っぷちすれすれを走り、かつスピードをゆるめようともしない。以前このルートのバスが崖から落ちて大惨事になったと聞いたことがある。窓の外を見てビビりながら「神様、助けてください」と祈り続けた。なんとか難所をクリア。手に汗がにじんだ。

ネパールとインドとの国境スノウリというところまで、なんと13時間、夜の８時にやっと着いた（途中パンク二度）。日本だったら絶対廃車になっているに違いないバス。そりゃあパンクも故障もするでしょう、という感じ。ほんと疲れた。

４月１日

国境近くのゲストハウスは、なんとなく「荒涼とした火星にある洞窟」といった感じ。５時半に起床。あまり眠れなかった。インドとの国境までは歩いて10分ほど。ネパール側のオフィスに行くと、やっぱりビザが切れていると言う。１日10ルピー（４日超過なので40ルピー）を払わないと通れないと言われた。「ネパールのお金はもうない」と応じると、わずかなルピーで通してくれた。まったくいいかげんだ。

次はインド側。しかるべき書類を出してＯＫ。

インド側の役人は明るい対応だった。バラナシ行きのバスは８時半出発の予定。ほとんどの乗客が定刻には乗り込んでいたが、動き出したのは９時。さすがはインドのアバウトな時間感覚。この分だと、予定の15時30分には絶対に着かないだろう……。

バスが動き出したとたん、ものすごい揺れでお腹の中がひっくり返るほど。インド人気質丸出しの運転。猛烈な前進と急ブレーキの連続。まるでジェットコースターに乗っているみたい。ときどき「アゥ！」という女の声がする。

隣にポーランド人男性が座ったので、お互いの片言英語で会話。「（社会主義の）ポーランドの国民が自由に旅行できるの？」と聞くと「大丈夫だ」と。ずいぶん変わってきているんだなあ。

案の定、バスは一度パンク。修理で時間がかかり、夜8時にやっとバラナシに到着。へとへと。ジュース屋でしばらく休んでから、サイクルリキシャ（自転車で引く力車）でエアコンのあるホテルに直行。ベッドでビールを飲んで……ああ、やっと生き返った。

4月2日
朝9時までぐっすり眠った。ブランチはバラナシ駅北側の閑静な地域にあるホテル・ド・パリのレストランへ。久々にフィッシュカレーをオーダー。やっぱりインドはカレーがうまい。
チェンジマネーをしてリキシャに乗り、ガンジス川のガート（沐浴場）近くにある宿クミコハウスを目ざす。日本人の久美子さんが経営しているとのこと。ガートのある駅の南側は、北側とはうって変わって「ごちゃ混ぜインド」。人もリキシャも牛も犬も、自分の行く先だけを考えて動いている。雑踏とクラクション、それにインド音楽。インドはやっぱり活気にあふれている。

なりふり構わず今を精一杯生きる——それがインドの流儀だ。

リキシャを降り、建物の壁が迫る細い路地を大きなリュックをかついで歩く。道がせまい。野犬がいる。牛は通る。何かあっても逃げ場がない。迷いながらやっとのことでクミコハウスへ。

ベッドに横になってホッとする。エアコンのない安めの宿。バラナシの夜は危険も多いので門限があるという。殺されてガンジス川に浮かんでいても誰も怪しまないのだろう。疲れていたので2時間ベッドに転がっていた。とにかく暑い。42度くらいあるとのこと。天井の扇風機の風もドライヤーのようだ。

夜7時半にやっと夕食。久美子さんの手作り料理。久しぶりの味噌汁がうれしい。ハンバーグ、ふかしイモ、ご飯、スイカ、全部食べた。お腹の具合もすっかりいいようだ。泊っているのは私のほか日本人がふたり。一緒に食べながら話をした。ひとりはジュゲさん（井上さん）。26歳のカメラマン。口ひげをはやしてとぼけた感じ。「アチャ、アチャ」とインド人のような相づちを打ちながら、ガラムという甘いにおいのタバコをすっていた。憎めない感じの面白い人。

もうひとりは森田さん（通称タモリさん）。32歳。アメリカの大学で働いているとのこと。日に焼けていて小柄だが、がっちりしている。あごひげ、大阪弁丸出しで、ひょうひょうとした感じ。

こちらもアシュラムで過ごしたことやヒマラヤのトレッキングのことなどを話したが、話題の中心は、ジュゲさんのアジア、アラブでの撮影旅行のことになった。何枚か写真を見せてもらったが、ボロブドゥール遺跡の仏像写真が気に入った。仏像を後ろから撮った写真からは悠久の時(とき)間が感じられた。さすがプロカメラマン。

ジュゲさんの話でひとつ印象に残ったエピソードがあった。

彼がアラブを旅していたときのこと。仲良くなった男性から「自宅にコーヒーを飲みにおいで」と誘われたので行ってみると「よくきたね」と歓迎され、そこから「じゃあ、コーヒー豆を買いに行こう」となった。コーヒー豆を買ってくると、今度は火をおこして、豆を炒り……なんと、コーヒーを飲むまで2時間以上かかったという。

日本だったら、怒り出すような話だが、彼らにとっては、その過程こそが大切な時間。今、ここにともにいて一緒にくつろぐ時間。それこそが人生の価値なのだそうだ。いい話を聞いた。楽しい夕食のひと時。

ジュゲさんは明日、ヒッピーの聖地ゴアに向けて発つという。

森田さんはバラナシで数日過ごした後、コルカタにあるマザー・テレサの「死を待つ人々の家」を訪問するという。森田さんと翌朝一緒にガンジス川のガートへ行く約束をした。

ガンジス川で泳ぐ

4月3日

5時すぎに起床。薄暗い。森田さんとふたりでハウスの目の前を流れるガンジス川に行く。雄大な川。ゆったりと流れる泥色の水。モヤのかかった早朝のガンジス川は神秘的でエキゾチック。ガート近くから出ている見学用のボートに乗る。おや、日の出だ。光が雲間から差し込むと、急にモヤが晴れていった。朱色に染められていく景色に飲み込まれていくようで、少し震えた。

川からガートのほうを眺めると、川辺にそびえる赤茶色の古い寺院やホテルの建物、大きなシバ神の壁画。そして火と煙の独特のにおい。気が遠くなるほど（ああ、ここは異国なんだ）と感じる。でも、いつか来たことがある懐かしい風景のような気もする。なぜだろう。

古代から飢饉や病気に苦しめられてきたインドの人々は、死んだらガンジス川に流されることを願う。ガンジス川は宗教や人種に関係なく、その人間の行なった罪にも関係なく、すべてを許し、飲み込んでくれるという。

沐浴している人がいる。写真で見てきたような静けさはない。実際、みんな楽しそうだ。一番有名なダシャーシュワメード・ガートなどはまるで海水浴場。子どもたちが飛び込んで大騒ぎ。誰も怒らない。その近くでヨガをしている修行者。身体に石けんの泡を立てて風呂代わりにしている人。その少し上ではパッターン、パッターンと洗濯物をたたきつけている女性たち。もう少し上には露天の火葬場。ちょうど死体を水で清めているところだった。焼かれた死体はそこからガンジス川に流される。

ものすごい光景が共存して、平然と動いている。太陽の光に照らされたインドは、生と死の輝きに満ちている。

少し上流まで行ってボートがUターンするとき、森田さんが言った。

「中村くん、泳ごうか?」

「え、泳ぐんですか? ここで?」

「せや、気持ちええで」

「えっ、えっ」

バラナシのガンジス河（「るるぶ Gift Shop」より）

「せっかくガンジスに来たんや。泳がな損やで」

「……分かりました。泳ぎましょう」

　森田さんはボートの船頭さんに話をつけてガンジス川に飛び込んだ。そのあと私も靴を脱いで飛び込んだ。濁っているが、水は冷たくて気持ちがいい。平泳ぎでストロークするたび、川岸の景色が上がったり下がったりする。（いまガンジスで泳いでいるんだ）という不思議な感動があって、ひとりでに笑顔になっていた。ボートと併走して50ｍほど泳いだ。

　ボートに上がろうとすると、インド人のお客さんがふたりを引っ張り上げてくれた。みんな笑っていた。

ボートを降り、濡れた身体でガート近くの屋台のチャイ屋へ。小学校3年生ぐらいのイガグリ坊主が店番をしている。貫禄がある。チャイを頼むと、タッタッタッと、なんとガンジス川の水を汲みに行った。ヒャーまさか……と思っていたら、そこで汲んだ水を沸かし始めた。ここは覚悟を決めなくてはと思いつつも、沸騰したことをしっかり確かめた。「ダシがきいている」とふたりで笑いながら、かつ複雑な気持ちで飲んだ。おいしかった。


「いやあ、まいりましたね。泳いだだけじゃなくて、まさかガンジスの水まで飲めるとは」

「ガートの様子を見てきたばかりやったから、なおさら強烈やったな」

「いい土産話ができましたよ」

「ほんま。一生の思い出ができたわ（笑）」

生と死、善と悪、美しさと醜さ——全部そろってる

「……ところで森田さんは、どうしてバラナシに来たんですか？」

「好きなんや、ここが。バラナシが」

「好き……なんですか」

「せや、好きなんや。バラナシに来るのはこれで二度目や」

「へえー、そうなんだ」

「ムチャクチャやろ、ここ。ごっちゃごちゃで。ここでは生も死もごちゃまぜ。なーんも隠さへん（笑）」

「たしかに……こんなところ、他にはないですよね」

「うん、ないと思う。生のカオスを全部引き受けて……。きっと、それが心地いいんやな。落ちつくんや」

「そうなんですね」


「……僕はなあ、7年前に妹を亡くしてるんや」

「妹さん？」

「ああ……まだ19歳やった」

「19歳……」

「白血病でな、心のやさしい、かわいらしい子やった」

「……」

「妹が亡くなったあと、しばらくして本屋で、藤原新也の『インド放浪』（朝日新聞社）っていう写真集を見つけたんや。知ってるか？」

「いや、知りません」

「その本の中にバラナシの写真があって、それがめっちゃ衝撃的だったんや」

「どんなふうに？」

「裸の死体に、犬が群がっているんや」

「えっ」

「えって、今そこの露天の火葬場見たやろ。死体が横たわっていたやんか」

「そうか、ボートからは遠目でしか見えないから、あまり感じなかったけど……そうですよね」

「他にも、屍（しかばね）が炎に焼かれている写真があってな。ほんまにショックやったわ……でも、妙に惹かれてな、妹のこともあったし」

「へえ」

「この写真の場所に行って、そこの世界を感じてみたい。死を実感したいって思ったんや……そうすれば、妹の死を受け入れられるような気がしたんやろな」

「そうなんですね」

「せや。それで呼ばれるように来たんや、バラナシに。5年前やった」

「ここに来て、気持ちは……変わりましたか？」

「う̶ん。よう分からん。いつまでたっても心の傷はひりひりするわ。せやけど、カサブタぐらいできたかもしれんな。それに、やっぱりここは落ちつく。好きなんやろな。なんや〈正しい場所〉にいるような気がしてな」

「正しい場所？」

「せや、僕らが生活している社会は〈死〉と切り離されてるやろ。他にも、いろんなもんと切り離されてる。だから僕にとっては少し〈いびつな場所〉なんや。でもここは違う。生も死も、善も悪も、美しさも醜さも、ちゃーんとそろってる、全部な。……〈正しい場所〉、そんな気せえへんか？」

「う̶ん。まだよく分からないですね」

「そうか、そうかもな……。話は変わるけど、5年前、あそこの角、あの白い壁のところに、めっちゃうまいチャイ屋があったんや。なんや飲んだこともないような味でな」

「へえ、そうなんだ」

「店の人もお客さんも機嫌がよくて、ニコニコしてるんや」

「へえ、感じがいいとこだったんですね」

「それで、今回も飲みに行こうって思って行ったら、店がないやんか」

「ないですね」

「あんなに繁盛していたのにおかしいなあって思って、近所の人に訊いてみたら……」

「訊いてみたら？」

「店主が警察に捕まったって」

「えっ、なんで？」

「チャイにぎょうさん大麻を入れてたんやて（笑）」

「えっ、ほんとですか」

「ほんまや。そら、お客さんも機嫌ようなるわけや（笑）」

「ムチャクチャですね（笑）。さすがはインド」

「さすがやな、やることがイカしてるわ（笑）」


「ところで森田さんはアメリカの大学でなんの仕事をしているんですか？」

「僕はね、研究所で働いてるんや」

「あ、そうですか。どんなことを研究しているところなんですか？」

「宇宙の成り立ちの研究」

「えー、森田さんが？」

「似合わんか？」

「いやあ、似合いませんよ（笑）」

「よういわれるわ（笑）」

「でも、むちゃくちゃ面白そうな研究じゃないですか」

「おっ、興味あんの？」

「あります、あります。よかったら詳しく教えていただけませんか？」

「せやな。……ほな、一晩か二晩か、徹夜する覚悟あるか？」

「え……そんなに難しいんですか」

「ウソや（笑）。細かいところまで話したら、それくらいかかるけどな」

「あー、びっくりした」

「せやけど、少し時間かかるで」

「いいです。ぜんぜんヒマですから」

「さよか。ほな、朝食食べ終わって少ししたら、どこか涼しいところで話しよか」

「あ、ありがたいです。駅の北側のホテル・ド・パリに行きますか？　少し離れてるけど、静かでいいですよ」

「そらええなあ、そうしよか」

私たちは9時ごろ宿を出て、賑やかな商店街を通り抜け、オートリキシャに乗った。客席の目の前には派手なクリシュナ神のポスター。どのリキシャに乗っても神様のポスターが貼ってあるのはインドならではの光景。神様はロックスターのようなあこがれの存在なのだ。すでに気温が上がって熱風が吹きつける。リキシャはクラクションを鳴らしながら風を切って走った。

ホテル・ド・パリは別世界のように静かだった。レストランはがらんとしていて客は私たちだけ。ホテルらしい上品なチャイを飲みながら話をした。

宇宙とは何か、人間はなぜ存在するのか

「森田さんはどういうきっかけで宇宙を研究しようと思ったんですか?」

「そうやなあ……僕は小さいころから望遠鏡少年やったんや。とにかく星を見るのが好きでな」

「へえ、星が好きだったんですね」

「せや。土星の輪を見つけたときなんか、めっちゃ興奮してな(笑)。そういうワクワクする気持ちがずーっと続いてるんや」

「へえ」

「好きやから、いろいろ調べるようになるやろ。そうすると頭のなか、宇宙だらけになってな、気いついたら子ども博士みたいになってたわ」

「へえ」

「宇宙って謎だらけやろ？」

「はい」

「その謎を解きたい、その扉を開けたいって、これ、本能みたいなもんやな」

「そうかもしれませんね」

「さて、ほな、話始めよか」

「はい。お願いします」

「人類にとっての根本的な問いは〈僕らはどこから来たのか・何ものなのか・どこへ行くのか〉ということやろ？　ゴーギャンの絵のタイトルみたいやけど」

「ええ、そうですよね。それを知りたいです」

「せやろ。その問いと同じことなんやけど、僕ら物理学者のおっきな問いは、宇宙とはいったい何なのか？　僕らはなぜ存在するのか？　ということなんや」

「おおー、それはまさに知りたいことです」

「せやろな、たいていの人がもつ問いや。せやけど簡単に答えが出るわけやないし、考えるすべもないから、それっきりになってしまう」

「そうですね。どう考えていったらいいのか、分かりませんからね」

「せやろ。で、僕らのアプローチは〈この宇宙がどのように誕生したのか〉を解明しようとしてるんや」

「すごい、本当にそういう研究をしている人がいるんですね」

「いるで、ここに（笑）」

「たしかに（笑）」

「まず〈宇宙の始まり〉の直後の1秒間の世界に、おっきな謎があんねん」

「はい」

「宇宙は、時間も空間もない無の真空、〈量子真空〉って呼ばれているんやけど、そこに〝ポッと〟生まれたって考えられているんや」

「へえ、そうなんですね」

「そんとき、宇宙が生まれたときに、めっちゃすごいエネルギーが放出されて、いま存在しとる物質の量の10億倍くらいの物質と〈反物質（はんぶっしつ）〉が生まれたって考えられてるんや」

「何ですか、反物質って」

「物質が生まれるときには、その物質を鏡に映したようにそっくりで、電気的な性質が正反対の〈反物質〉もペアで生まれるんや。まあ、双子の片割れという感じや」

「え、え、本当ですか。物質って双子だったんですか？　なんかＳＦの世界みたいですね」

「たしかにＳＦみたいやな。もともとはひとつだったのかもしれへんけど、形としてこの世に現われるときは、自分の性質と反対のものと一緒にペアで出てくるんや。表と裏みたいに」

「う〜ん。不思議だ。……世の中の陰と陽。善と悪みたいですね」

「おもろいこと言うなあ、きみ。似とるかもしれへん。そんな風には考えたことなかったわ。ほな、話を続けるで」

「はい」

「でな、必ず双子で生まれるから、〈宇宙の始まり〉には、反物質は物質と同じ数だけ生まれたはずやろ。それやのに反物質は今の宇宙にはほとんど存在してない」

「どうしてですか」

「それはやな〈対消滅(ついしょうめつ)〉っていって、反物質と物質はぶつかって光になって消えてしまう性質があるからなんや」

「えっ、光になっちゃうんですか！」

「せや、光になってまうの」

「じゃあ……物質と反物質はこの世に生まれる前は、光だったっていうことですか」

「そら分かれへん。この世に生まれる前は観測しようがないからな（笑）。

せやけど、光になって成仏して、もとの世界に戻ってまうのかもしれへんな。それもおもろいかもな」

「いやあ、理解を超えた世界ですよね」

「せやろ。考えてみい。物質と反物質はもともと同じ数やから、物質が生まれても次々と対消滅して、結果的にみんな消えてまうはずやろ。宇宙には何にも残れへんはず」

「ええ、そうなりますね」

「せやけど、宇宙に物質は存在しとる。僕らも存在しとる」

「ほんとだ」

「なぜか？」

「なぜでしょう……？」

「それが長い間説明でけへん謎やった。せやけど、少しずつ分かってきたのは、すべての物質と反物質がまったく同じ双子ではない、ということ」

「えー、そうなんですか」

「ほんとうにごくまれに、対称ではないもの、つまり、違う振舞（ふるま）いをするものがあることが分かってきたんや」

「へえ、すごい」

「そのほんとうにごくまれな微妙な違いによって、物質が残ったって考えられてるわけや」

「へえー、そうなんだ。そんなことまで分かってきたんですね。すごいなあ……。それで宇宙が生まれて地球が生まれたっていうわけですね。……ひとつ質問いいですか」

「ええで」

「これは哲学的な問いになってしまうかもしれないけど、なぜ宇宙が生まれたり、地球が生まれたりする必要があったんでしょう？」

「めっちゃええ質問や。せやけど、それは誰にも分かれへん。物質が生まれたことで、宇宙や地球が生まれ、人類が生まれた。せやけど物質が生まれたからといって、地球や人類が生まれたのはあまりにも不思議やし、奇跡のような確率やねん。

　最初の問いにもどってまうけど、やっぱり僕らもそれ知りたいから研究しとるわけや。そのアプローチとして、僕は量子力学を研究することを選んだわけやけど、世界の科学者がいろんな方向から探求してるんや」

「そうなんですね」

「その問いの答えにはならんかもしれんけど……こんどは宇宙の話、マクロの話をしようか」

「ええ、それもぜひ聞かせてください」

「きみは好奇心が強いんやなあ。研究者に向いてるで。知らんけど（笑）」

「またまた、いい加減なこといって（笑）」

「なんやエアコンが効きすぎてて、寒うなってきたから出よか。続きは夕食の後にでもしよか」

「ええ、ぜひお願いします」


森田さんの話は驚きの連続。頭のなかのたくさんの扉が次々に開いて、グルグル回り出すような感じだ。ひょうひょうとした感じの森田さんだが、話し始めると生き生きしてきた。人を引きつける話し方は、大阪の芸人さんのよう。

夕食のあと、ハウスの久美子さんにお願いして、食堂でそのまま話の続きを聞かせてもらった。

空っぽの宇宙

「じゃあ、森田先生、よろしくお願いします」

「はいはい。そしたら、２時限目いきまっせ。昼間はミクロの世界について話したけど、今度は宇宙というマクロの世界の話や。いろんな話をせなあかんから、話があっちゃこっちゃ飛ぶで」

「はい」

「昼間の続きやけど、時間も空間もない無の真空、〈量子真空〉が、ふと〈ゆらぎ〉を起こした。そして、小さくて熱い光の粒として宇宙が生まれた。せやから、その〈ゆらぎ〉こそ、宇宙のもっとも根源的な性質なんや」

「へえー。〈ゆらぎ〉？　宇宙の始まりに〈ゆらぎ〉が関係しているんですか」

「そうや。きみの考えもゆらぐやろ（笑）」

「いやあ、ゆらぎます。ゆらぎます（笑）」

「ついでに、宇宙の母胎となった〈量子真空〉にも少し触れておくな」

「はい」

「この壮大な宇宙、森羅万象すべてのものは、この〈量子真空〉から生まれたわけや。つまり、それほど莫大なエネルギーがそこにはあったということ」

「ふーん」

「そして今でも、〈量子真空〉は宇宙に満ちている。つまり、僕らの生きている世界の背後には、〈量子真空〉というエネルギーに満ちた世界が存在しているんや」

「へえー、そうなんだ」

「せや。観測できるものが何もない真空にも、ものすごいエネルギーが潜んでいる。不思議やろ。……真空には何もないが、〈無〉ではないんや。量子物理学では、そのエネルギーを〈ゼロ点エネルギー〉と呼んでる」

「へえ、ゼロ点エネルギーですか」

「同じように〈量子真空〉には〈ゼロ点フィールド〉と呼ばれる場があって、そこに宇宙のすべての出来事の情報が〈波動情報〉として記録されているという仮説があるんや」

「えっ、ほんとですか？　ということは、どういうことですか？」

「宇宙のすべての情報が記録されているんやから、宇宙の歴史も、地球の歴史も、人類の歴史も、僕らの意識も――何もかもみんな〈波動情報〉として記録されている。そしてそこでずっと生き続けている、ということや。今までもユングの〈集合的無意識〉とか〈アカシックレコード〉とか言われてたけどな」

「えーーっ、すごい！　霊とか死後の世界がほんとうにあるかもしれないんですね」

「きみのイメージしているもんとは、少し違うかもしれんがな（笑）。でも、僕もあると思う。量子物理学の視点からも、あっても全然おかしくない」

「はぁ……言葉がないですね」

「また、ゆらいだか？」

「ゆらぎました。ゆらぎました（笑）」

「僕も初めて知ったときビックリしたわ。ショックでボーッとして、2、3日頭から離れへんかったわ。さて、宇宙が時間も空間もない無の真空から生まれたーー。これに関連して、今度は物質の密度について説明するで」

「はい、お願いします」

「宇宙の中にはさまざまな物質があるやろ。地球上の物質もそうやし、無数の星々もみんな物質やし……」

「はい」

「それらはすべて、たったふたつの種類の、限りなく小さい素粒子によって構成されてんねん」

「ふたつの種類？　そのふたつの種類の素粒子からすべての物質ができているんですか？」

「そうや。クォークとレプトンのふたつ。宇宙全体の物質を構成しているそれら素粒子を全部集めたとするやろ。それらをすき間なく並べて、ぎゅっとひとつにする。その大きさはどのくらいやと思う?」

「そうですねえ……いやあ、見当もつきませんね」

「せやろな。それがな、ほんまに小さいというか……宇宙全体の物質を構成している素粒子を全部集めても、リンゴ1個の大きさぐらいにしかならへんねん」

「え、全宇宙の物質がですか!」

「せや。えーって感じやろ。つまり、宇宙には無数の星があるけど、実際はほとんど〈空っぽ〉ということなんや」

「なんだか、クラクラしてきますよね」

「せやろ。こういう話をすると、もうクラクラするわな(笑)。今度はミクロの話でクラクラさせたる。すべての物質を構成しているものは原子やろ」

「はい。それはわかります」

「その原子は、普通の顕微鏡じゃ見えへんくらい小さいやろ」

「はい」

「その小さい原子の中にある原子核も、めっちゃ小さくて、原子を東京ドームとすると、原子核は、なんとビー玉くらいの大きさしかないんや。あとはほとんど空っぽなんや」

「東京ドームとビー玉ですか。はあ……」

「そのビー玉の原子核は陽子と中性子からできていて、その中には素粒子がある。その素粒子の正体は〈エネルギーの振動〉。つまり原子から宇宙まで、この世界はほとんど〈空っぽ〉。僕ら人間の外側も内側もほとんど〈空っぽ〉ということになるんや」

「へぇー、そうなんですか……。〈存在する〉って、いったい何なんだろうっていう感じがしますね」

「せやな、ほんまにそう思うわ。僕ら人間は、この世界は物質に満ちているように感じとるけど、ほんまは、ほとんど〈空っぽ〉なんや。僕らが知覚しとるものなんて、幻想みたいなもんなんやな」

「いやあ、〈存在〉の事実って、私たちの理解を超えているんですね」

「ほんまやなあ。僕らに見えとるものなんて、ほんのちょっぴりなんや。で、ぼちぼち大詰めなんやけど……今日はもうだいぶ遅いから続きは明日にしよか」

「そうですね。久美子さんにも申し訳ないし」

「せやな、僕、明日、サルナートに行くんやけど、一緒に行くか？」

「あ、いいですね。ブッダが初めて説法をしたっていうところですね」

「せやせや。そんなら朝食を食べたら出かけよか」

「了解です」

サルナート

4月4日
今朝はひとりでガンジス川へ行き、ボートに乗った。朝日が昇り、ガートの階段や寺院の壁を朱色に染めていく。風が起こって、川が波立ち、街が目覚めていく。昨日の森田さんの話をずっと考えていた。
朝食後、8時半に森田さんと食堂で待ち合わせ。オートリキシャに乗って、いざサルナートへ。といっても25分ほどで到着。

サルナートはブッダが悟りを得たあと、最初に説法をした地。

古代寺院の土台が遺跡としてまだ残っている。しかし、ただの原っぱという感じで、静かでのんびりしたところ。きっとブッダが生きた2千5百年前もこんな感じだったのだろう。等身大の人間ゴータマ・シッダールタがブッダとして、まさにここで語り始めた……そんなシーンを思った。6世紀ごろに造られたというダメーク・ストゥーパという仏舎利

サルナートのダメーク・ストゥーパ（「Tripadvisor」より）

塔は高さ42m。巨大で迫力があった。

　近くの寺院にはブッダの一生を描いた絵があった。日本人の画家が描いたという。日本とのつながりも感じられる。森田さんと一緒に、お土産用の色とりどりの大理石を選ぶのも楽しかった。帰りは、私だけ途中でリキシャを降りて、旅行代理店へ行き、コルカタ行きのチケットを買う。明日の夜の便が取れた。夕食のとき、森田さんと話をした。


「中村くん、サルナートどうやった？」

「そうですねえ、遺跡はあるにはあったけど、どこにでもある原っぱっていう感じで……逆にそれがよかったですね」

「へえ、そうなんや」

「ＯＳＨＯのところでもブッダの話は聞いてきたし、昨日話したみたいに、トレッキングのときに雲水をしていた人から仏教の話をいろいろ聞いていたから、なんかブッダの世界にあこがれをもっていたっていうか、別世界みたいに感じていたんですよ」

「うん」

「でも、今日サルナートに行って、あ、ここで人間のブッダが人間を相手に話をしたんだなって思ったら、ブッダが人間らしく思えてきたんです。もちろん、ブッダの教えの崇高さは変わらないんですけど、あがめるっていうのは違うんだなって気がして」

「おっ、ええこというなあ。若いのに」

「そうですか」

「うん。見所あるで（笑）」

「そういわれるとうれしいですね（笑）。森田さんは、サルナート、どうでしたか？」

「よかったわ。きみと似とるかもしれへんけど、すがすがしい感じがしたわ。やっぱり〈仏教の世界〉らしい静けさが満ちとる感じがして、めっちゃ落ち着いたわ」

「分かります。そういう感じがありましたね」

「もうひとつあるで、このバラナシとの対比がやっぱり面白かったわ。バラナシのヒンドゥー的なカオスと喧噪。サルナートの仏教的な静けさ。どっちもええなあ」

「あー、それも分かりますね。バラナシにはインドが凝縮されていますからね。ところで昨日の話の続きお願いしていいですか？」

人間と宇宙のフラクタルな関係

「了解。ほな、始めよか……きみ、〈フラクタル〉という言葉、知ってるか？」

「うーん、聞いたことあるような気がするんですけど……何でしたっけ？」

「〈自己相似性〉って言うんや。全体を分解していったときに、全体と同じ形が部分に再現される相似的な関係のこと。マトリョーシカみたいな感じやね」

「へえ、そうなんだ」

「葉っぱとかで、全体の形とそれを作っている部分の形が同じやつがあるやろ」

「ああ、そういわれれば……」

「そのフラクタルは自然界にめっちゃぎょうさん見られるんや。植物にも海岸線にも、山や雲にも、人間の血管もそうやねん」

「え、そうなんですか」

「太陽の周りには惑星が回っとるやろ」

「はい」

「ミクロの世界でも、原子の周りを電子が回っとる。そっくりやろ」

「そうか……たしかに。マクロとミクロ、そっくりですね」

「せやろ。自然は一見、無秩序なカオス状態みたいに見えるけど、よう観察すると、同じ構造が繰り返される〈フラクタル構造〉になっとるものがめっちゃ多いんや」

「そうなんですか」

「ほんでな、このフラクタルは〈人間が存在しとるという事実〉と、〈宇宙が今あるように存在しとるという事実〉との間にも、ある意味、当てはまるんや」

「え、え、どういうことですか?」

「人間のなかに宇宙全体が、そして宇宙のなかに、人間を人間たらしめる要素があるということや」

「うーん。ぜんぜん分からない」

「少し長いけど説明していくで。僕らの身体は水を除くと、ほとんど炭素からできとるんや。せやけど、宇宙のどこにでも炭素があるわけやない。ほな人間を作っとる炭素はいったいどこからやってきたんか?」

「どこからでしょう?」

「宇宙空間に炭素ができるには、いろんな条件が必要なんや。まず、ちょうどええ大きさの星が存在すること。ほんでその星が核融合反応をすることで燃えて、内部に炭素を作りだすこと。ほんで、その星が一生を終えて爆発して、宇宙空間に炭素をばらまくこと」

「はい」

「そうして星が炭素を作るには、百億年という時間が必要なんや。で、星の寿命が百億年程度であるためには、重力の大きさや光の速度といった、宇宙を支配する基本的な物理定数のすべてが、今あるような値でなければならへんのや」

「は……ものすごい偶然の産物なわけなんですね」

「そうや。他にもぎょうさん偶然があって、つまりそれらすべてが奇跡のようにそろってんと炭素もでけへんし、人間もでけへん。つまり宇宙はまさに人間を作るがために存在してるように考えられるんや」

「え〜、そうなんですか」

「逆に考えれば、宇宙の一部である僕ら人間の中には、炭素や〈ゆらぎ〉をはじめ、宇宙の性質がぎゅっと入っとるわけや」

「そうか……いやあ、驚いた。驚いたというか感動したというか……世界の見え方が変わりますね」

「人間の脳がなければ、〈宇宙がなぜあるのか〉なーんて考える者はいない。ほんで人間に五感がなければ、宇宙を見ることも、聞くことも、感じることもでけへん。もし〈宇宙〉を認識するものがまったく誰もいなんだら、どないなると思う？」

「……宇宙は存在しなくなる？」

「せや、そのとおり。誰にもまったく知覚でけへんものは存在してない……それと同じ。せやから、宇宙は自分自身を認識するための目として、１３８億年かけて人間を作った。つまり僕ら人間は、宇宙が必要としとった宇宙の分身ともいえるわけや」

「え……すごい、すごいなあ」

「せやから〈人間が存在しとるという事実〉と〈宇宙が今あるように存在しとるという事実〉の間には、フラクタルな関係があるわけ。もう一回言うで、フラクタルってのはな、自己相似性や。似てるってことやで。せやから、僕らは小さな宇宙であり、宇宙の部分であり、宇宙の知覚器官やねん」

「……宇宙の知覚器官。人間は小宇宙って聞いたことがあるけど……そういうことだったんですか。へー、ほんとに……すごい話ですねえ……」

「うん。……僕は思うんやけど、自分を信頼するっていうことは、宇宙を信頼することなんやなあって。全宇宙は僕にかかっとるんやなあって」

「そうか、責任重大ですね（笑）。……でも、ほんとに、なんだか天使が降りてきて教えてくれたような話ですね」

「せやな、その感じ分かるわ。僕も世界が宝箱を開けてくれたような感じがしたわ。で、こういう考えを物理学の世界では〈人間原理〉って言うんや」

「〈人間原理〉ですか……いやあ……衝撃です。考えてもみなかった……目からうろこといぅか……。宇宙は私のなかにあるし、私が宇宙の窓口なんですね。いやあ……今日は興奮して眠れそうもないや（笑）」

「うれしいなあ。そないに興奮してくれて（笑）。……話した甲斐があるわ」


（……ふと見ると、森田さんの様子がおかしい）

「どうしたんですか、具合が悪くなったんですか、森田さん？」

「いや……妹が亡くなる前に、この話をしたなあって思ってな」

「妹さんに？」

「せや。まじめな子でなあ、人の役に立ちたいって、看護士をめざしてたんやけど……亡くなる少し前に〈私は誰の役にも立てなかった。生まれてきた意味がなかった〉って言うんや……そんなことないいんやけどな」

「はい」

「流星群が来たとき、妹を病院から外出させてもらって、星を見に連れてったんや」

「はい」

「それで、こんな話をした。

未知が――未知っていう名前なんやけどな――どれだけ僕を幸せにしてくれたか、どれだけ家族や友達を幸せにしてくれたかを伝えた。そしてさっき話した人間原理の話をしたんや。

人間はみんな、この世を見るために、宇宙を感じるために生まれてきた。みんな同じや。仕事に就けなくたって、違うわけがない。生まれてきた意味は同じじゃ。誰もが生まれてきた意味があるって……。そして、ゼロ点フィールドの話をしたんや。未知は、そこでずっと生き続けている、だから、また会えるって。……未知は喜んでたわ。〈兄ちゃんを信じる〉って。はい、僕の話はおしまい。スッキリしたわ」

「いやあ……お話を聞かせていただいて……、本当に良かったです。ありがとうございました」

「おおきに。そう言うてもらえたらうれしいわ。自分の好きなことに共感してもらえるのは、やっぱりうれしいなあ。まさかバラナシでこんな話ができるとは思ってへんかったわ。今日も遅なったなあ。寝よか？」

「そうしましょう。おやすみなさい」

「おやすみ」


気がつくと11時になっていた。あっという間だった。

森田さんは妹さんの供養のためにバラナシに来ているのかもしれない。だから話してくれたのだろう。

森田さんの言うように、やはり人間は宇宙の意思によって生まれたのだろうか……。

宇宙の分身であり、宇宙の目である私……。

ということは、私が考えるということは、宇宙が考えるということになるのだろうか……。まだよく分からないが、なんだか大いなる魂に少し触れることができたような気がした。

4月5日
暑さに慣れたのか疲れていたのか、夜はぐっすり眠れた。朝、散歩をしようと外に出ると森田さんがハウスの前でストレッチをしていた。空気がすがすがしくて気持ちがいい。
一緒にガンジス川に沿ってしばらく歩いた。ガートの近くに立派な構えのチャイ屋さんがあったので、モーニングチャイにする。ターバンのおじさんがバケツに入った水をひしゃくで鍋に入れてチャイを作っていた。どこの水かは「?」である。

クミコハウスに戻り、朝食をとってから10時までは森田さんから聞いた話をメモしたり、日記を書いたりして過ごした。そしてチェックアウト。久美子さんと森田さんが玄関まで出て見送ってくれた。

森田さんと住所を交換した。「いろいろ話ができて楽しかったわ。またいつか会おな!」と言ってくれた。「ええ、必ず!」と答えた。

お昼を街のレストランで食べたあと、親切なオートリキシャの案内で物産店へ。いくつかおみやげを買い、街をブラブラしたあと、余裕をもってバラナシの空港へ。19時発の便が1時間遅れてテイクオフ。コルカタ国際空港に着いてタクシーで、中心街のCapitalゲストハウスにチェックイン。11時近くになっていた。

ベッドに横になったが頭はさえていた。

昨夜の森田さんの話が頭から離れなかった。

宇宙を思い浮かべながら、改めて思う。

私とは何か、どこから来て、どこへ行くのか……。

（第5章）コルカタ、そして帰国

コルカタ

4月6日

昨夜のCapitalゲストハウスは値段のわりに設備も部屋もよくなかった。バックパッカー向けの安宿が多いサダル・ストリートのLyttonホテルに宿替え。部屋の感じもよく、ホテルの人も親切。日本にコレクトコールができるというので頼んだが、3時間待ってもつながらない。キャンセルして夕食を食べに行く。華僑のチャイニーズレストランがあったので、ラーメンとギョーザ。つい調子に乗って全部食べてしまった。結構おいしかったが、やはり胃がもたれた。

4月7日

朝7時半ごろ、日本への電話がつながった。久しぶり。「電話が来ないから心配して、捜索願を出そうと思っていた」と母。「ごめん、ごめん」と謝りながら、インドから電話をするのは大変だな……と思った。

疲れと暑さのため、朝からぐったり。夕方になって少し元気になったので、帰りの飛行機のリコンファームのために、エア・インディアに行く。4月9日の夜の便でＯＫがとれた。

部屋でボーッとしながら、今までのことを振り返る。

アシュラムでのＯＳＨＯの教え、ヒマラヤでのサツキさんの仏教教室、バラナシでの森田さんのミクロと宇宙の話。それぞれ異なるアプローチだが、根底にある本質は驚くほど共通していた。

今を生きること、魂の声を聞くこと、本質を見極めること……その大切さを教えてもらった気がする。まだ血肉にはなっていないが、忘れられない経験になるだろう。

4月8日

よく眠れたせいか、すっかり元気になった。ホテルで朝食。

コルカタで一番大きなモスク、ナコーダ・マスジットへ行く。ピンク色の壁の大きなモスクで、緑色のドーム屋根がアラビアンナイトの世界みたい。ごちゃまぜインドの喧騒の街に溶け込んで建っている。中に入ると、驚くほど静かで、ガランとしている。ムスリムの寺院は、生のカオスの全部を引き受けたようなヒンドゥー寺院とは趣が違う。静寂のなか、どこからかコーランが聞こえてくる。呼吸が深くなっていくのを感じる。

近くのレストランでフィッシュカレーを食べる。最近はフィッシュカレーがおいしく感じられる。ちょっとブームらしい。

宿へ帰る途中、あまりに暑いので高級ホテルのオベロイ・グランドのロビーに入って涼む。が、こちらの恰好があまりに汚いので丁重に追い出されてしまった。

その近くにあるニューマーケットにお土産を買いに行く。雑多な店がびっしり入っているアメ横のようなマーケット。案の定、むちゃくちゃ高い値段をふっかけてくるので駆け引きがたいへん。最後だから楽しもうと思うのだが、やっぱり面倒くさい。

ホテルに帰るとロビーに佐々木さんという日本人の男性がいた。HIDEインターナショナルという旅行社のエージェントの人で、このホテルに長く滞在しているという。日本人が泊っていると聞いて会いに来てくれたそうだ。佐々木さんの部屋で飲む。

4月9日

朝7時。コルカタの空港。搭乗を待つ間に日記を書いている。テイクオフは8時。

インド最後の昨夜、12時まで佐々木さんと飲んで話す。佐々木さんは地に足の着いた感じで、自分をしっかりもっている。ヨガを学んでいて、身体のポーズと内蔵の動きとの関係や呼吸についていろいろと教えてもらった。

佐々木さんから、新宿にあるHIDEインターナショナルの事務所に書類をもって行っもう。

リーを経由して日本に向かう。時間はたっぷりある。飛行機の中でサッキさんの手紙を読

てほしいと頼まれた。帰り道なのでＯＫ。成田から新宿へ直行の予定。飛行機はニューデ

サツキさんからの手紙

有佐さんへ

この手紙を読んでいるということは、もう旅も終わりなのでしょうね。今はコルカタかしら、それとも帰りの飛行機の中かしら。有佐さんが無事に家まで帰れるように祈っています。

あなたと過ごしたトレッキングの数日間は、私にとって宝物のような輝きのある時間でした。「ヒマラヤに行きたい！」と思いつき、深く考えるでも綿密な計画を立てるでもなくネパールに来てしまったけど、こういうことが待っていたんだって思いました。大いなる存在が私にメッセージを送って導いてくれたのでしょうね。

あなたにお礼をしたくてこの手紙を書いています。私のお礼は『般若心経』です。私が自分なりに解釈して訳したものも書いていきます。これらの言葉が、これからのあなたを支えてくれるように、祈りを込めて書いていきます。

摩訶般若波羅蜜多心経

観自在菩薩。行深般若波羅蜜多時。照見五蘊皆空。度一切苦厄。舍利子。
色不異空。空不異色。色即是空。空即是色。受想行識。亦復如是。舍利子。
是諸法空相。不生不滅。不垢不浄。不増不減。是故空中。無色無受想行識。
無眼耳鼻舌身意。無色声香味触法。無眼界乃至無意識界。無無明亦無無明尽。
乃至無老死。亦無老死尽。無苦集滅道。無智亦無得。以無所得故。
菩提薩埵。依般若波羅蜜多故。心無罣礙。無罣礙故。無有恐怖。遠離一切顛倒夢想。
究竟涅槃。三世諸仏。依般若波羅蜜多故。得阿耨多羅三藐三菩提。故知般若波羅蜜多。
是大神呪。是大明呪。是無上呪。是無等等呪。能除一切苦。真実不虚。
故説般若波羅蜜多呪。即説呪曰。羯諦羯諦。波羅羯諦。波羅僧羯諦。菩提薩婆訶。

般若心経

サッキさんの『般若心経』

『般若心経』は、ブッダの死から約5百年たった、今から2千年前のインドに興った「大乗仏教」から生まれたものです。

語り手の「観音さま（観音菩薩）」は大乗仏教のなかで生み出された理想の救済者で、人々の苦しみを取り除くために永遠に修行し続けている方です。

『般若心経』は物語の形をとっています。

以下は私の訳。観音さまに憑依(ひょうい)して訳すから、心にしみるわよ（笑）。

『般若心経』

……あるときブッダは、観音さまと一番弟子のシャーリプトラ、そして多くの弟子とともに山にいて、深い瞑想状態に入っていました。

その折り、シャーリプトラが観音さまにこう尋ねます。

「般若波羅蜜多(はんにゃはらみった)（真理に目覚めるための智恵の完成）」の修行をするにはどうしたらよいですか？」

するると観音さまは言いました。

私（観音菩薩）は「自分が存在するってどういうことなんだろう」って、ずーっと考え続けてきた。

私という存在がある。

それは、私の「肉体」と、感じたり想像したり考えたりする「心」からできている。

私はタマネギの皮をむくようにひとつひとつについて考えていったの。

この腕は私？　この足は私？　この身体は私？　この頭は私？　今感じたことは私？

今想像したことは私？　今考えたことは私？

ずーっと考えてきたけれど、そのどれもが私自身じゃない。


それらひとつひとつは、みんな移ろいゆくもので、実体がない。

ただ「神秘の力」としか言いようのない力によってまとまっていて、「今、ある」ような質感を私が感じているだけ。錯覚なんだっていうことが分かったの。実体はもたないけれど、移ろいゆく世界をつかさどる神秘の法則があるのよ。

そのことを「空（くう）」と呼ぶわね。

私は、（今まで感じていたつらさ、苦しさもほんとうは「空」だったんだ。実体がなかったんだ）って思ったら、いろいろな苦悩から解き放たれて、心が安らかになったわ。

聞いて、シャーリプトラ。

この世を成り立たせている形あるものを、タマネギみたいに1枚ずつ剥がせば、何もなくなってしまうし、その1枚も、突き詰めて観察すれば、粒子が「神秘の力」で今まとまっているだけで、実体はないのよ。

そして実体がないという状態、「空」が、今この瞬間、移ろいゆく世界を成り立たせているの。

（その刹那が美しいのよね）

心も同じ。

感じること、想像すること、考えることも「空」なのよ。

ねえ　シャーリプトラ。

この世のすべてを作っている要素の特性は、実体がないという「空」の状態なの。

だから、生じることもなく、滅することもない。汚れることもなく、清らかになることもない。増えることもなく、減ることもない。

「空」という視点から見れば、形あるものもないものも、ないの。

感じること、想像すること、考えることもなく、目も、耳も、鼻も、舌も、触覚も、心もない。色や形も、音も、香りも、味も、感触も、考えもない。

見えるものも、聞こえるものも、香るものも、味わいも、触った感じも、意識もない。

本当は、みんな実体がないものなの。

煩悩の元である「おろかさという闇」もなく、

「おろかさという闇」がなくなることもない。

その区別もないのよ。

老いて死ぬこともない。

「老いて死ぬことがない」もない。

その区別もないのよ。

私はずっと苦しかったわ。

だから、その苦しさの原因である煩悩を絶とうと、
この仏法の「道」を一心に歩んできた。
でも、そんな生き方ができない人もいる。
私とその人との区別もないのよ。

悟りへの道などなく、
涅槃に至るというゴールもない。

分かる？　シャーリプトラ。
自分で作り上げた枠をこわすのよ。
自分のとらわれを手放すのよ。
「私」から出るのよ。

（悟らなくたっていいのよ。自分のいのちのために、今できることに集中する。他の人のいのちのために、今できることをする。それだけでいい）

今、この瞬間、
私は「空」という、この宇宙の真理を身体のすみずみまで感じているからこそ、
心になんのざわめきもないの。ざわめきがないから恐怖もないわ。
これまでのように、うろたえたり思い悩んだりすることから離れて、今、心が解き放たれている。

過去もそう、現在もそう、未来もそう。
光明に至ったすべてのブッダは、この智恵、この宇宙の真理とひとつになることによって、この上ない正しい悟りに至ったの。

さあ、あなたも知りなさい。
智恵の完成、すなわち「空」という宇宙の真理の言葉を、
大いなる知の力をもっている最高の、そして比類なき真の言葉を、
一切の苦しみを鎮めるウソ偽りのない真の言葉を。

シャーリプトラ、そしてみなさんに伝えます。

真理に目覚めるための智恵の真の言葉を。

ぎゃーてい
ぎゃーてい
はーらーぎゃーてい
はらそうぎゃーてい
ぼーじーそわか

これが智恵の完成の言葉、『般若心経』なのよ♡

あなたの好きなジョン・レノンも、『般若心経』を心の支えにしていたのよ。
「イマジン」知ってるでしょ。歌詞を思い出してみて。こんな部分があるでしょ。
no heaven
no hell
no countries
nothing to kill or die for

no religion

ね、これって『般若心経』でしょ。

有佐さん

「私」……これが、宇宙といのちの間の妨げになっているの。

『般若心経』はその「私」を壊してくれる言葉であり、呪文なの。

「私」が消えることで、いのちは伸び伸びと本来の力を出せる。

そうしたら、あなた自身が優曇華であり、宇宙の「まなこ」だって分かるはずよ。


『般若心経』を唱えてごらんなさい。

音は人の魂に響くものだから、声に出して唱えるのが大切なの。

そして瞑想をして、自分の意識が「今」だけにいることができる時間をもつこと。そうするとあなたのいのちが喜ぶわよ。


あと、あなたはまじめすぎるから、もっと、のん気にね。

心や身体が伸びやかなときにこそ、魂の声、宇宙の声は聞こえるの。
あなたはこの世界を感じるために、魂の望みを叶えるために肉体をもって生まれてきたのだから。
力を抜いて、頭に浮かんだことはブツブツ吐き出して
笑いながら歩んでゆくのよ。虔十みたいにね。

元気でね。またいつか会いましょう！

サツキ

帰国

４月10日

朝７時すぎに成田にランディング。重い荷物をピックアップして新宿行きのリムジンバスに乗った。車窓から見える街の風景が少し懐かしく感じた。日本は日本で、やはり落ち着く。

新宿駅のバス停に着いたので、その足で佐々木さんに頼まれた書類を届けに事務所に向かった。新宿駅西口近くの雑居ビル街を少し歩くと、ＨＩＤＥインターナショナルの事務

所が入ったビルがあった。3階の事務所に行くと、小さな部屋で3人が仕事をしていた。対応してくれた女性に書類を渡し、ビルを後にした。

せっかく新宿まで来たので、紀伊國屋書店に入った。

精神世界の本のコーナーに行くと、OSHOの本が平積みされていた。読んでいない本もある。しばらく立ち読みをする。以前読んだとき、よく分からなかったこと、漠然としていたことも少し実感として理解できるようになっていた。うれしかった。(ああ、OSHOに会ってきたんだなあ)と不思議な感じがした。

平積みされている本の中に、表紙の色合いが奇異に感じる本があった。どんなセンスしているんだろうと思いつつ表紙を見ると、麻原という人の本だった。開いて読んでみると、心に入ってくるような言葉はなかった。彼が弟子たちに教えを説いている場面の写真を見ると、服の色は白だが、インドっぽい感じでアシュラム・ファッションによく似ている。これって完全にパクってるな、と思った。

その写真に写っている弟子たちはみんな若い。その中に私によく似たヒゲ面の男が写っていた。ここにも私と同じように「道」を求めている人たちがいるのだろう。

〈第6章〉その後……

復学

帰国した私は、しばらく神奈川の実家で過ごしました。

服装はインドにいたときのまま。身も心もインドかぶれ。友人の間では、「有佐は、ガンジス川に浮かんでいるそうだ」というまことしやかな噂が流れていたそうです。

2週間ほどして大学のある京都に戻りました。周りの同調圧力に和するように服装も生活も以前にもどったものの、頭のなかはアシュラムでのことや経験してきたことで満杯でした。あの世界と帰国後の現実との狭間で、どう気持ちの折り合いをつけたらいいのか分からなかったのです。ときどき瞑想したりＯＳＨＯの本を読んだりしましたが、どうしても大学に行く気になれませんでした。あれ以上の魅力を感じられそうもなかったのです。

でも、どうにか中華料理店でのバイトを始めました。頭でごちゃごちゃ考え過ぎないように、自分を忙しい環境に置きたかったのです。気がつくと以前より少し行動的になっていたかもしれません。一歩踏み出すことで開けてくる世界があることを知ったからでしょうか。

ひところ所属していた大学のハンググライダー・サークル仲間との交際が復活しました。サークルには私と同じようなインド帰りが数人いて気が合ったからです。しかし、講義を聞く気にはなれませんでした。

自分なりにあれこれ悩みに悩みました。その挙句、中退するしかないと考え、心配しているに違いない親への手紙に自分の気持ちをしたためました。数週間後、妹から手紙が届きました。「お兄ちゃんの手紙、みんなで笑って読みました。大学やめたかったら、やめなさい……」

気が抜けて、笑いがこみ上げてきました。

大学にとらわれていたのは自分のほうだった。家族のほうがよっぽど肝がすわっていた。自分がバカみたいに思えました。行こうが行くまいが好きにすればいい……そのとおり。2回生の1年間、まったく大学に行くことはなく、かといって退学もしないまま。地べたに足をつけて歩く気になれなかったのです。

韓国とインドの旅を経て、以前から感じていた孤独や虚無を感じることは少なくなっていました。しかし、子どものころからの習性――自分の気持ちを後回しにして、その場を取りつくろって生きる――のつけは大きく、自分を大切にする感覚はまだもてませんでした。（どうなってもいい）というなげやりな気持ち。そのくせ（いったいどうなってしまうんだろう?）という、漠然とした不安がいつもへばりついていました。

そのころある年上の男性と知り合いになります。リョウさん。作家志望の31歳。気が合い、一乗寺の公園前の古い一軒家にふたりで住むことにします。リョウさんは社会的、実務的に役立つようなタイプではありませんが、物知りで感性豊か。フラメンコギターを弾き、切れ長の澄んだ目で、顔立ちも所作も美しい人。あとで聞いた話ですが、彼は大阪に住む知人の奥さんを愛してしまい、ときどき会いに行ける場所にいたかったようです。

といって、いつまでもうろうろしているわけにもいきません。お互い生活費が必要だったので、私が以前バイトをしていた工務店に連絡をとり、ふたりとも働かせてもらうことになります。

一緒によく音楽を聴きました。クラシック、ジャズからプレスリーまで。彼は音楽だけでなく仏教や精神世界にも詳しく、その知識は私よりもはるかに広く、深い。もちろんOSHOの本も読んでおり、そのことも気の合う理由のひとつだったようです。近所の食堂で食事したりすると、お店の人に「ここの料理はどれもおいしいね」などとその印象を素直に口にするタイプです。体裁を気にせず、感じたことをそのまま伝える。そんな彼のなかに、私はゾルバを感じていたようです。

心に残っているのは、秋になり、２階の大きな窓から見える公園のイチョウが紅葉し始めたころのこと。彼が突然、「この窓を外そう」と言い出したのです。これから寒くなるのに何をと思ったのですが、ふたつのガラス窓を外すと……どうでしょう、紅葉したイチョウの木々が窓いっぱいに描かれた絵のように見えます。古びた部屋がいっぺんにファンタジーの世界になりました。ガラス窓の代わりに透明のビニールを貼ると、景色は少しぼやけ、イチョウの木々が水の中に浮いているようでした。翌日、私たちは「レインボー」という灯油ストーブを買います。その名にふさわしく、七色の炎が宙に浮いたホログラムのように光るのです。

さらに彼は「落ち葉を集めて２階の部屋に敷きつめよう」と言い出します。私たちは大きなビニール袋に落ち葉をいっぱい詰め、部屋に敷きました。公園の木々が見えるパノラマのような大きな窓。落ち葉いっぱいの部屋。日が暮れた部屋の真ん中にあるストーブに火をつけると、見たことのない幻想の世界になりました。彼との生活は精神の自由に満ちていました。

そんななか、私は相変わらずインド体験を整理することも答えを出すこともできずにいました。インドでの経験は、20歳の自分には持てあましてしまうほど大きかった。私は答えが出ないそれらの問いを抱えていくしかないと思いました。その後も、だらだらバイト生活。どう生きていくか気持ちが定まらないまま。

意外なことが起きました。私が大学に入学したころ付き合っていた彼女から連絡が来て、もう一度やり直そうということになったのです。このときです、ちゃんと大学を卒業して、社会に出ようと思ったのは。やっと生きる覚悟ができたのです。男の決断の裏には女性がいる——単純な原理です。

(リョウさんから離れよう、一緒にいてはいけない)夢の世界を生きているような彼に引っ張られて、現実を歩めないような気がしたからです。私は、自分のなかのゾルバを封印しました。

古い一軒家を離れて、炊事場と風呂が共有の下宿屋に引っ越しました。学生生活、再スタートです。2年間で2単位しか取れていなかった私は、その後かなりの奮闘を余儀なくされます。タイトなスケジュールの授業とバイトの両立は大変でした。でも恵まれていました。長いブランクにもかかわらず、ゼミの教授が私を迎え入れてくれました。ゼミ仲間とも和気あいあいとして、再び学生らしい暮らしに戻りました。下宿の仲間も気が置けない人間ばかり。夜になると、それぞれ私の部屋に集まってきて、酒を酌み交わし、語り合いました。結局５年かかって、なんとか卒業です。

精神科のソーシャルワーカーに

卒業後、精神の病に興味をもっていた私は、東京のある精神科病院のソーシャルワーカーの職に就きました。アメリカなどから先駆的な治療を取り入れていた病院です。

さまざまな現実が見えました。錯乱状態で護送されてくる人、酩酊状態で運ばれてくる人。精神科病院は、人間の精神のゆがみや家族のひずみがむき出しに見える場です。

ある時期、私はアルコールなど依存症専門のドクターの医療秘書をしていました。ドクターの診察に同席し、記録をとったり処方を書いたりするのです。

アルコール依存症患者の多くは入退院を繰り返します。私が担当したある患者さんは５度目の入院でした。彼のそばで「あなた、もう死んでください。私の30年を返して……」と奥さんが涙していています。

何とかしてあげたくても、依存症は簡単に治る病気ではありません。患者自身がその気になって、断酒会やＡＡ（アルコホーリクス・アノニマス）などの自助グループに参加しながら、自分との折り合いをつけていく。そんな道のりに寄り添うのが医療者の仕事です。

忘れられないケースがあります。

医療秘書としての1年目。うつ病とアルコール依存症の42歳の女性患者でした。彼女はひとり娘。大学を出て就職し33歳で結婚。専業主婦。子どもはなし。抑うつ症状のため抗うつ剤の投与を受けていましたが、しだいにアルコールに頼るようになり、依存症になって入退院を繰り返していたのです。

彼女は母親から「おまえは私がいなければ生きていけないよ」と言われ続けて育ったようです。かいがいしく娘の世話をする母。母は、自分を必要とする、自分の思いどおりになる「お人形」が欲しかったようです。娘は母の思いどおりに育ち、「助けてもらわなければ生きていけない」と思うようになり、人に嫌われないように、人を怒らせないようにと緊張した対人関係をもち続けます。その母もまた愛情の薄い家庭に育ち、夫の愛情を受けることの少ない人でした。彼女の父も、仕事依存的な会社員で、妻子に関心のない人でした。

依存症は「孤独の病」ともいわれます。

依存症の患者は、「対人関係のゆがみ」をもち、孤独に陥りやすいのです。42歳の彼女も周りとうまくなじめず、日常生活ではいつも不安や焦りを感じ、孤独感を抱いていました。自尊心というような感情はほとんど感じられず、「空虚」や「寂しさ」も抱えていました。その苦しさから自分を守るためにうつの症状を出し、アルコールを飲むことで紛らわせていました。うつ病もアルコール依存も、生き延びるすべだったのです。

彼女が回復していくためには、依存症患者のための自助グループに参加することが必要でした。そこで同じ病気に苦しむ仲間と出会い、体験を語り合い、自分自身の問題と向き合うのです。ドクターのアドバイスで、私も勉強のために、彼女と一緒にＡＡに参加することになります。もちろん初めての体験です。


ＡＡについて、説明が必要なのでちょっとだけ記します。

ＡＡはアメリカで始まった依存症からの回復をめざす自助グループの名称で、「無名のアル中たち」ぐらいの意味でしょうか。

ここは、誰でも迎え入れられます。居場所が提供されるとともに、「心の安全」のために匿名性が重視されます。日本でも参加する人たちは皆、「ジョン」や「メアリー」といったファーストネームで呼び合っていました。

そこには12ステップの回復プログラムがあり、「自らのパワーの限界に気づきなさい。ハイヤー・パワー（大いなる存在）に身を任せ、自然な生き方をしなさい」といった、基本となる考え方が記されています。それは、患者自身の「霊的成長」をうながすための言葉であり、回復の道しるべなのです。

彼らにとってはグループの仲間こそハイヤー・パワーであり、その触れ合いのなかで自分と他者の関係が変化を起こし、依存症の自分から脱皮することが「霊的成長」なのです。この考え方に触れたとき、わたしは一瞬、ＯＳＨＯの言葉「闘う必要なんかない。ただ流れといっしょに漂うのだ」が重なったのを覚えています。

話を戻します。

ＡＡでは、ひとりひとりが順番に話をしていきます。言いっぱなし、聞きっぱなし。他人の話に口をはさみません。内容は、自分の問題、気づき、喜び、つらいことなど、何でもいいようです。メンバーがその思いを正直に語る様子を目の当たりにして、私もできるだけ正直な気持ちを話しました。

彼女は入院しながら週に数回ＡＡに参加することになったので、私もできるだけ一緒に参加しました。１か月で退院した彼女は、その後も、自宅から毎日のようにＡＡに通っていたようです。半年後、久しぶりに会った彼女は見違えるように生き生きとして見えました。そして私にこう語るのです。

「ＡＡに行くようになってから、詩を書き始めました。素面（しらふ）になったら、言葉が浮かんできて……それを書きとめたら、詩みたいになったの。心の奥にあるほんとうの気持ちを言葉にできたとき、過去のつらかった経験を正直に話せたとき、つっかえ棒が取れたみたいに扉が開くんです。心の扉が……。

そうしたら、内側から温かなものがあふれ出てきた。優しい、ミルクみたいな感覚……私のなかにこんな感情があるなんて思わなかった。

他のメンバーが話しているときもそう。何人かが心を開いて正直に話をすると、空中に心のミルクみたいなものが溢れてくるの。私、思ったんです。みんな、それを飲んで勇気をもらっているんだ、明日1日、酒をやめる勇気をって。

……それでね、そのとき私は、神様から許されているような気がするの……ああ、これでいいんだって……。私これから詩を書いていこうと思うの。詩集を出したいなって。それが私の〝希望〟のような気がする」

その後も、通院していた彼女は、気分の浮き沈みはあるものの、スリップ（再飲酒）することはありませんでした。彼女の言葉は、私が感じていたことを言い表わしていました。私もまさにそんな風に感じていたのです。

つけ加えなくてはいけないのは、自分自身のことです。ＡＡに参加して初めて気づきました。これは私のためのミーティングだ、と。メンバーの話のなかに「私」がいたからです。

私もアルコール依存症の父をもち、過度に「いい子」でいることを余儀なくされたアダルト・チルドレン（依存症などの親に育てられ、生きづらさを抱えた人）でした。「対人関係のゆがみ」をもつひとりであり、孤独感をもつ人間でした。あの場を必要としていたのは、自分自身だったのです。

もうひとつ。12ステップの回復プログラムは、依存症の回復以外についても言えることだと感じました。

自己のパワーを過信した無理のある努力、魂にそぐわない目標に向かって必死になること。自然体とはいえないそんな生き方には、強迫性という自己破壊的な狂気が潜んでいると思ったのです。

患者さんが入院するとき、本人や家族と面談して、生育歴や家族の状況などを記録するのもソーシャルワーカーの仕事ですが、気づいたことがあります。

ほとんどの患者さんが子どものころ、手のかからない「いい子」だったという事実です。家族の話を丁寧に聞いていくと、親の関わり方やその教育が子どもたちを過度に抑圧している状況がだんだん見えてきました。むろん発病の原因はそれだけではありませんが、それも大きな要因のひとつであると推測できたのです。

思い出したのはＯＳＨＯの言葉です。

「親は、〝生まれながらのブッダ〟である子どもに、偏りのある社会や家庭の常識を刷り込むことで、その翼を切り落とし、つまらない人間にしてしまう。親による条件づけは、根こそぎにされなければならない。そこで初めて、人間はほんとうに自由になることができる」


この言葉がグッと迫ってきたのです。

子どもは大人のさまざまな抑圧を素直に飲み込んでしまいます。ですから大人は自分の影響力の強さに気をつけなければなりません。この患者さんたちも、もっと伸び伸び育てられていたら病気と闘うこともなかったかもしれない……。

多くの生育歴を聞き取ったこの経験は、子どもを型にはめるのではなく、伸び伸び育てることの大切さを教えてくれました。そんなことから、私はいつしか小学校の先生になりたいと思うようになりました。子どもたちが育つ現場に身を置きたい……という気持ちが強くなったのです。

そのころ、私はつきあっていた彼女と結婚し、ふたりの生活が始まりました。26歳でした。

小学校の先生に

ソーシャルワーカーになって5年後、私は通信教育で小学校教諭の免許をとり、29歳で教員になりました。

いざ現場に立つと、小学校教諭という仕事の大変さに驚きました。こちらは教員免許を取ったばかり。教え方もよく分からないままクラス担任になり、ほとんどの教科を自分ひとりで教えるのです。40人近い児童を相手に。

ろくに休憩もとれません。授業の準備、割り当てられた仕事や文書の作成、日々の問題への対応などで、毎日、朝7時半から22時ごろまで心身を消耗する毎日でした。ひとりひとりの子としっかりと向き合う時間がとれず、実際、その余裕もありませんでした。

それでも私はあの病院で患者さんと付き合ったことを思い出しながら、子どもたちの気持ちに寄り添っていきました。そうするうちに、少しずつ心が通じる通路ができ、彼らの世界に入っていくことができたのです。

一歩子どもたちの世界に入ると、子どもたちは「子ども」ではありませんでした。自分の意志をもった小さな人間でした。幼くても人として高い精神を持ち、尊敬できるような子どもが何人もいました。フェアな感性、自然な優しさ、気づかいを見せてくれる子どもたち。私は、彼らのそんな面を見つけては「学級だより」で紹介することにしました。自分のうれしい気持ちを、子どもたちに直接語りかけるように書き添えました。教室でも、自分自身の心を見せるように語り、しゃべり合いました。人は相手の心が見えると安心するのです。

集団生活はトラブルだらけです。生活経験もバラバラ。それぞれの子には特性があり、他人との付き合い方も未熟なので、トラブルが起こるのは当然です。新米教師はその対応に追われました。輝きを失っている子、不安を感じている子、もどかしさを自分の口で説明できない子……そんな子の心を解きほぐすことに気を配りました。

根の深いトラブルもあります。集団にとって大きな問題と感じられることも出てきます。そんなときは、まず個人攻撃にならないように配慮して、グループごとに、クラス全体で輪になって話し合いをするようにしました。

私がイメージしていたのは、あのＡＡのような自助グループです。

普段から、私自身の心の内を見せ、本音で語れる雰囲気づくりをした上で、つらさを抱えている子がその思いを吐露できる、グループセラピーのような場をもとうと考えたのです。

すると、トラブルを起こしている子も、起こされている子も、その子なりのつらさを抱えていることが分かってきます。そうやって時間をかけてお互いの気持ちが見えるようになると、空間の共感性（心のミルクのようなもの）が生まれ、ギスギスしていた関係が癒され、子どもたちの表情も穏やかになっていくのです。話し合いに丸1日かかったことも2日かかったこともあります。そんな学級経営をすることで、クラスは、空気の澄んだ前向きな集団になっていったようです。

クアラルンプールの日本人学校へ

教師になって7年後、多少自信が持てるようになったころ、私は外国にある日本人学校の教員に応募しました。インドでの経験が自分の成長にとって有意義であったこと、加えて、未知の場所にワクワクする自分がいたからです。

1998年、38歳の私は文部省の試験をパスして、マレーシアのクアラルンプール日本人学校に赴任することになりました。熱帯の森を切り開いた広大な敷地に幼・小・中千百人以上の子どもたちを預かる大きな学校です。職員の数も現地スタッフを入れると百人という大所帯。子どもたちは、現地にある日本企業の駐在員の子や日本にルーツをもつ子たちです。

マレーシアという外国ですが、出勤すれば、ほとんど日本の学校と変わりありません。違う点は、外国だから当然ですが、校外研修や出張がなく、行政に提出する文書類もないこと。それゆえ授業以外のあれこれに忙殺されることもなく、授業や子どもたちにエネルギーを注ぐことができるのです。子どもたちときちんと向き合えることは、すばらしいことでした。

私たち教員は、子どもたちに肌で現地に触れてほしいと願い、それぞれの学年で現地の学校との交流を計画しました。子どもたちの視点で日本の文化を伝えたり、マレーシアの文化を教えてもらったりして、現地となじむ体験をさせたのです。

改めて異文化と接触する面白さを知った私は、しだいに民族や部族に興味をもつようになります。長期の休みになると、妻や子どもをつれてボルネオやタイの少数民族に会いに行ったり、ニュージーランドのマオリ、オーストラリアのアボリジニの施設を訪ねたりするようになりました。

そうしているうちに「経済発展」という世界を動かしている潮流に疑問を抱くようにな

ります。私が訪ねた部族やマレーシアの田舎の人たちは「経済発展」など必要としていないのです。大切にしているものが違っていました。「経済発展」のために暮らしがあるような日本独自の価値観のなかで過ごしてきた私にとって、まったく違う価値観で生きている彼らの存在は驚きでした。同僚がこんなことを言いました。

「俺たちは現地の人に比べてずいぶん高い給料をもらっているけど、生活を楽しんでいるのはこっちの人だなあ」

同感です。

時間を、楽しむためではなく、「何かを達成するための過程」に使う癖が染みついてしまっている私たち。周りを気にして、自分らしく生きることができなくなってしまっている私たち。おかしいのはどっちなのだろう、と思いました。マレーシアという国から見ると、日本は「経済発展」という幻想に洗脳されたヒステリー集団の国のように思え、帰国する日のことを思うとだんだん気が重くなりました。

小学校の英語教育

マレーシアでの3年間の日本人学校勤務。

帰国すると、日本の教育現場はやはり目の回るような忙しさです。また仕事に忙殺される日々が始まりました。でも海外で過ごしたおかげでしょうか、私は新たな視点をもつことができたようです。

意識して、授業に英語や国際理解の視点を取り入れたのです。

例えば、学校でよく使う「決まり文句」の英語表現。これを子どもたちに教えたのです。

「分かりました」は I understand.

「反対です」は Objection.

「ごちそうさま」は Thank you for the meal.

そんなぐあいに日常の授業に無理がない程度に英語を取り入れてみたのです。毎日使う言葉なので、すぐに定着しました。

そのころです、小学校でも、英語教育を進める方向性が文部科学省から出されたのは。

私は神奈川県の小学校英語の調査協力員に選ばれ、その後、小学校と中学校で兼務して英語を教える専科教員となりました。

好きな道が開かれたのはうれしいのですが、見えてきたのは、英語を教えなければいけなくなったクラス担任の大変さでした。ただでさえ多忙な上に、教えた経験もない英語を「教えなさい」というのですから、むちゃな話です。

私は、自分と中学校の英語教諭１名、それに ALT（Assistant Language Teacher・英語助手）1名の3人で市内6つの小学校を回り、クラス担任と一緒に授業のスタイルを考えました。

授業のプログラムはすべてこちらで準備。私はそれを実現するための具体的なプランを練り、賛同してくれる中学校の英語教諭と一緒に教育長に話をしに行きました。

一般教員が直接教育長に提案するなど常識ではあり得ないことでしたが、私には「こうしたほうがいい」という強い想いがあったようです。たぶん、本質的なものを求めて行動したいという自分がいたのだと思います。ありがたいことに、教育長も真摯に受けとめてくれました。

折りも折り、文部科学省の研究開発学校に指定された予算があったこともあり、そのプランの実現に向けて教育長が動いてくれることになります。そして次の年度には、思いえがいていたとおり、英語専科のチームがクラス担任をサポートするシステムが実現したのです。先生方から喜びの声が聞かれました。

当時、小学校英語は黎明期。教科書はありません。

それぞれの地域が独自に、カリキュラムや教材を作って教えるのです。授業づくりは大変なのですが、その分、制約もないので、自由です。名称も「英語」という教科名ではなく、「英語活動」。その目的は、英語を通じ「コミュニケーションの素地」を養うこと。
そこで考えたのは、自分たちが言葉の素地をどうやって養ってきたか、でした。

私たちは、乳幼児期から親の声がけによって言葉が分かる喜びを知り、「自分も伝えたい」という気持ちをもちます。そして、言いたいことが言えた喜びや、気持ちが伝わった喜びを感じます。このように、コミュニケーションには「喜び」が伴うからこそ、言葉の素地が自然に養われてきたのです。

私は「聞いて分かる喜び」「伝え合う喜び」を感じられる活動を工夫しました。
自分なりに工夫してみると、子どもたちが目をキラキラさせたり、楽しそうに活動するのです。その姿を見て、私は授業づくりにのめり込んでいきました。だんだんこのような実践が評価され、いくつもの学会に呼ばれて実践発表をするようになりました。

周りからは、教員なのにヒゲをはやし、少し変わったことをする男――と見られ、ふと気がつけば、もともとの「不安で繊細な自分」に「大胆で行動力のある自分」が同居するようになっていました。

その後も小学校英語の研究会で実践発表をしたり、ある大学の附属小学校に呼ばれて３

百人の先生方の前で提案授業をしたり、「不安で繊細な自分」は引っ込んで、後者に力がみなぎっていたようです。

その変化で感じたのは、やはりOSHOのことでした。ゾルバのように湧き出る思いに身を任せ、「〈今〉に飛び込め、〈ここ〉を楽しめ」というあの教えが支えてくれたのかもしれません。

国際理解のための教育

そのころJICA（国際協力機構）横浜の研修会に毎回参加していた私は、2007年、教員海外研修のメンバーとして14日間、南米パラグアイでの研修に参加することになります。46歳でした。

その事前研修で、ある女性との印象深い出会いがありました。パラグアイの教育状況について話をしてくれた現地在住の日系人、山本美智子さん。

彼女はパラグアイで、貧しい家庭の子どもたちでも通える学校「ヨコハマスクール」を設立し、現地の教育だけでなく日本語教育も行なっていました。

会ってすぐ、特別なオーラを感じました。明るく情熱溢れる彼女に、あのゾルバを見たのです。

私は個人的に彼女に話を聞きに行きました。なぜ「ヨコハマスクール」を設立したのかその経緯なども知りたかったのですが、実のところ、彼女がどのような育ち方をして、どのような人生を送り、今の彼女になったかを知りたかったのです。

お話を聞くと、移民二世としてアルゼンチンに生まれた美智子さんは、小さいときから物事の感じ方が少々他の人と違って、花鳥風月を見ても、人と対しても、「美しい、うれしい、楽しい」というポジティブな感情を強く感じたそうです。母親や家族から豊かな愛情を受け、とても自由に育っていました。

いつでも、どこでも、「幸せ」と「解放された心」を自分のなかにもって、ストリートチルドレンに段ボールを与え、シラミを取り、食事を用意する。子どもたちに生きる喜びを感じてもらうために、サッカーの交流を始める。私財を投じて学校を作る。どれも、誰もができることではありません。

型にはめられることなく育った美智子さんは、ＯＳＨＯの言う「自由の翼」をもち続けているのでしょう。やはりこれだなと思いました。

夏休みに入るころ、教員海外研修の一員としてパラグアイに出発。

まず現地の学校の視察。青年海外協力隊として活動している方々の取材。

「ヨコハマスクール」に到着すると、日本語を学習している10人の子どもたち（中学～高校生）が待っていました。ここは私が授業をする番です。授業は、自分が勤務する学校の6年生からアイデアを募った内容。漢字の成り立ちや日本の子どもたちの生活の様子を写真を使って説明し始めると、彼らがとても興味を示しているのが分かります。目がキラキラしています。授業は好評だったらしく、「もう一度、授業を受けたい」という声も入ってきました。

この授業の様子をビデオに撮り、後日、日本の子どもたちに見せました。自分たちのアイデアでつくられた授業。その授業を受けているパラグアイの子どもたち。それを、日本の子どもたちは興味津々で見ていました。「ヨコハマスクール」を設立した山本美智子さんについていくつかのエピソードを交えた物語にして紹介すると、子どもたちは、彼女の力強い生き方を感じてくれたようです。

この活動はさらに広がりました。

アフリカ・中近東・アジアの国々から日本の技術を学びに来ている研修員10人に学校に来ていただき、6年生のグループと直接交流をしてもらいました。

子どもたちには事前に、対話に必要な英語――簡単な言い回し――を練習させ、自力で、体当たりでぶつかってもらったのです。苦労した分もあってでしょうか、子どもたちも喜びが大きかったようです。６年生Aさんの感想です。

「外国人と話すのは初めてなので、自分の英語はちゃんと通じているかな とか、発音は間違っていないかな、とか、ちょっと心配だったけど、きちんと話ができて良かったです。研修員の人たちは私たち子どもにも対等に接してくれて、〈とても礼儀正しい子どもたちでとても気持ちがよかった〉とまで言ってくれて、一生懸命にやって良かったなあ、と思いました。パキスタンの人が細かい物を作る技術にすぐれていることも分かったし、今回の交流会は本当に良かったと思います」

興奮と、喜び。それがあったようです。外国の人と関わりたいという気持ちのいちばんのエネルギーは、やはり「喜び」です。子どもたちはそれを胸に刻んだようでした。

身体が悲鳴を上げた

しだいに国際理解教育や小学校英語の研修講師、『小学英語指導法辞典』（教育出版）などの執筆で、以前にも増して多忙になりました。必要とされるのはうれしかったのですが、自分のパワーの限界に気づかないまま一途にやり続けた結果、身体は悲鳴を上げるようになったのです。

腰の痛み、前立腺炎、疲れもとれません。ストレスのせいで酒量も増え、毎晩かなり酔うまで飲み続けました。もともとの依存症的な性格が出てきてしまったのです。

そんな生活が数年間続くと、とうとう身体症状が現われました。下痢が続き、体はだるく、集中力が続かなくなりました。それでもなんとか休まず仕事に行く。

ある朝、ベッドから起きて階段を下ると、頭がジーンとしています。ソファに座った瞬間、床と天井が反対になり、ぐるぐる回り始めたのです。どうしたんだ！　焦りました。自分がどうにかなってしまった……？

20分ぐらい続いたでしょうか、動けません。少し落ち着くと、今度は吐き気。

数時間後、やっと動けるようになり病院に行きました。「めまい」ということで耳鼻科へ。MRIを撮ると、「特に異常はありません」。「メニエール病の疑い」ということで薬の処方。

数日後、「めまい」の症状はだいぶ改善されましたが、身体のだるさや頭のしびれ、耳鳴りは残りました。一度こわした身体はなかなか元にはもどりません。「めまい」はしばしば起こり、頭のしびれと耳鳴りは数十年たった今でも残っています。

人間は学習したことを忘れる動物です。私はAAで学んだことを忘れ、自分のパワーの限界に気づかず、必死になり過ぎ、そこから少しおかしくなっていったようです。

「言っただろう。闘う必要なんかない。ただ流れといっしょに漂うのだ」にやにや笑うOSHOの顔が浮かび、ハッとしました。

以来、私はパワー以上の仕事は断り、自然な仕事の仕方を心がけるようにしました。何度も失敗を繰り返しながら。

ただ、ひとつ収穫があったのは、途絶えていた瞑想を再開したことです。

OSHOのアシュラムで何度も経験した、あのダイナミック・メディテーションを始めたのです。身体を動かし、エネルギーの振動に身を任せ、感情を吐き出す。

本来は60分間ですが、体力が落ちているので20分。

身体を動かすと気が流れ始め、心のカタルシス（浄化）が感じられます。そのあと「目撃者」である自分を意識して数息観（すそくかん）。

息を吸って1、吐いて2……と、10まで数え、それを繰り返します。

数日続けると、頭のしびれが軽減し、心も穏やかになっていきました。

校長になって

２０１６年、教頭を経て校長となった私は、「子どもの幸せ」をめざす学校づくりを始め

ます。テーマは、

「子どもの心に〝喜びの種〟をまくことで、〝今の幸せ〟と〝幸せに生きる力〟を育む」です。

具体的には、
☆身体を動かす喜びを感じる授業。
☆分かる、できる、学び合う喜びを感じる授業。
☆友達と支え合う喜びを感じる活動、などの実践です。
教育は本来「生きる喜び」を学ぶためにあるはずです。公立小学校なので、さまざまなしばりはあるのですが、〝五感で生の喜びを謳うゾルバ〟の姿、つまりOSHOの精神を生かすことを意識していたようです。


子どもを育てるためには保護者の協力が不可欠です。

保護者の意識が変わることで子どもは変わるからです。

私は「学校だより」の裏面に、心に響くような「おはなしエッセイ」を毎回載せました。

内容は、

「親の考えを押しつけることなく、その子のもっている種を伸び伸びと育てて、咲かせてほしい」

「ほどほどの親であることが子どもにとっては一番。親自身が自分を肯定し、子どもといる時間を楽しめる親であってほしい」などなど。

考えてみれば、これもＯＳＨＯの考えに近いものでした。

その後、私は「夢づくりプロジェクト」を立ち上げます。

子どもたちが未来を向いて歩めるような「ドリームマップ（夢地図）づくり」

心がウキウキする作品を展示する「夢ギャラリー」

子どもたちがダンスを披露する「パフォーマンス大会」

コントや漫才を披露できる「お笑い劇場」など、夢のある学校・笑いのある学校づくりを進めていきました。

といっても自分の想いだけではどうにもなりません。職員の力が必要です。ベースとなるのは、「職員の幸せ」、充足感です。そこにいて、楽しみや、美しさ、喜びを感じられるか。これが学校を牽引する力です。自分たちが幸せでない組織にパワーは生まれません。

ところが、あまりに多忙な教員の仕事。

折しも教員の長時間勤務の深刻な実態が社会問題になり、その是正に向けて文部科学大臣メッセージが出されたとき。私はその機運にのって、大胆に働き方改革を進めていきました。

幸運なことに、勤務校がある町の教育長は、子どもたちのこと、職員のことを第一に考えて、こちらのさまざまな提案に真摯に向き合ってくださったのです。

仕事を減らすだけではなく、教師が自主的に学べる環境づくり、教師が学び合う雰囲気づくりにも力を入れました。教師自身が教えることを楽しむ技量を身につけることが大切だからです。

また職員が仕事に意欲をもち、お互いに心を通わせられるための工夫をしました。お互いの良いところを伝え合う活動、良い実践を紹介する掲示板、皆で調理してランチ、料理屋を借りきっての職員演芸大会などなど。

しだいに、より風通しのいい、笑いがある職員室になっていきました。あるとき、本来なら対立する立場の教職員組合の分会長が校長室にやってきてこう言うのです。

「校長先生、うちの学校の〈改善すべき課題〉を組合に報告しなければならないのですが、課題が見つからないのです。……なにかありませんか？」

「そんなこと、俺に相談するか？」と私。ふたりで大笑い。うれしい出来事でした。

「どんなことも、７世代先まで考えて決めなければならない」

ネイティブ・アメリカンの教えです。

教育にはまさにこの思想が必要だという想いが、年齢を増すごとに強くなったようです。

経済発展を支えるために、「一定の能力をもつ従順な人間を育てるための大量生産工場」のような教育から、「人が幸せに生きる」ための教育に転換すること。

もちろん今の教育の良さもたくさんあります。しかし弊害も大きい。

同一学年の集団なので、どうしても他者と比較してしまいます。その結果、自己肯定感が下がり、子どもたちは輝きを失っていきます。１クラスの人数が多いので、教師は集団を統率せざるを得ない。その結果、子どもは〈服従すること〉と〈異質なものを排除すること〉を学んでしまう。ひとりひとりに目が届かず、いじめも増える――。「競争」と「統率」の教育には、大きな弊害があるのです。

できれば、自然な学び合いが発生する「異った学年での小グループ合科学習」をとり入れてほしいと思います。異った学年なら友達と自分を比べることも減り、上学年の子どもへの尊敬の気持ちや、下学年の子どもへの自然な思いやりが生まれるので、それぞれが自分の居場所を感じ、〈自分は役に立っている〉という自己有用感が生まれます。その結果、学習意欲も高まります。

人が生きていく上で、ほんとうに大切なものは何か。

目先のことではなく、ずっと遠くにある未来を見すえた教育、それが「7世代先まで考えた教育」だと思います。


これまで私は、仕事に対して実直に取り組んできました。しかしその内側には、いつも型破りな自分がいたようです。OSHOからのメッセージをもち続けている自分です。

それは、「人生を五感で楽しむゾルバになりなさい。同時に、〈目撃者〉であるブッダになりなさい」というメッセージを抱いている自分です。改めて考えてみました。
①ゾルバとしての自分は、
「魂の声を聞き、その声に正直であること」

「現状を肯定して今を生きること」
②ブッダとしての自分は、
「何が大切なのかを考え、本質を見極めること」

「冷静な目撃者であること」

です。それが私の行動の基準であり、勇気の元であり、原動力だったようです。

退職

２０２１年3月末、新型コロナウイルス感染症の対応に追われた1年を終え、私は定年退職しました。ちょうど60歳でした。

４月から再び非常勤の仕事を始めましたが、長年の疲れが出たのか生活環境が変わったせいか、数か月後、持病のめまいがひどくなり、仕事ができる状態ではなくなりました。かかりつけ医のアドバイスもあり、無理して長引かせるより退職することを選びました。もちろん病気と仲良くしながらですが、「フリーになった！」という解放感がありました。しばらくのんびりしようと思ったものの、病気が落ち着いてくると、今度は気持ちが落ち着かなくなるのです。人間は弱いものですね。所属や仕事がなくなると、強い孤独感や虚無感に襲われるようなのです。

31年間、私は教員という仕事に全力を注いできました。頭のなかは、いつも仕事のこと。長い間の習慣から、私はいつまでも教員生活が続くものだと信じていました。しかし終わりが来てしまった。

それでも、相変わらず頭のなかでは、今までと同じように仕事のことを考えてしまう自分がいるのです。何十年も仕事に向かっていた思考は簡単には変えられませんでした。

自分の情熱を注ぐ対象がなくなってしまった。いったいこれから何をすればいいのだろう……。この空虚さをどう埋めればいいのだろう……。自分が今までしてきたことって何だったんだろう……。

そんな思いが頭のなかを何度も通り過ぎていきます。何回目かの中年クライシス（危機）。またふりだしです。20歳のころのあの自分に。

もがいていた私に新たなシンクロニシティが訪れます。

あるチラシで、20代のころ読んで衝撃を受けた『アウト・オン・ア・リム』（シャーリー・マクレーン著　角川文庫）を翻訳された山川紘矢、山川亜希子ご夫妻の講演会があることを知ったのです。（行かなくてはいけない）そんな声が聞こえました。

おふたりはアメリカに住んでいたときに、あるセミナーを受けてから、さまざまな気づきを得るようになったそうです。そして『アウト・オン・ア・リム』を読んで感銘を受け、日本の人たちにも、自分を知ることの大切さを知ってほしいと願い、初めての翻訳をします。

そのころからおふたりに不思議なことが起きはじめ、チャネラーと呼ばれる人を通して精霊（身体をもたない知恵のある存在）からのメッセージを受け取ります。それは「今、地球は変わり目にある。私たちと一緒に人々の意識を変えるために働いてはくれないだろうか」というものだったそうです。それから数十年、人々の意識を変えるような本を翻訳し、ご自身たちの経験を本に著してきました。

講演会に行くと、明るいオーラをまとったようなご夫妻が登壇され、順に話をされました。メモした話のポイントを記します。

山川紘矢さんの話

「今の自分がすばらしい」そう思ってください。自分で気づかなくてはだめ。
自分の人生に起こってくることは、全部自分が起こしていることなんです。
「自分は誰か？」を考えていくと、自分が神だと分かる。
目の前にある現実は、ほんとうは幻想の世界。死んでも大丈夫なんです。
生きている目的は「幸せ」になること。

自分をよく見て、自分を受け入れること。自分はすばらしいんだから。
ほめて育てて、自分を大切にしてください。本当の自分を知ってください。

私たちは「いのち」であり「エネルギー」です。この身体に乗っかっているんです。
今の人生、何もまちがいはない。自分の計画どおり。それは決まっている。

私たちが学ぶために、成長するために物事は起こっている。
それを体験するために生まれてきたのだから。

幸せになれば、いいことが起こってくる。心配はしないこと。すべてはうまくいく。
頭は洗脳されている。頭に従うのではなく、心に従うこと。信心深くなりなさい。

宇宙は愛。すべては愛でできている。
ここは天国。「ありがとう」って生きていればいい。
あなたが宇宙を創っている。あなたが中心、あなたが神、あなたが愛——。

山川亜希子さんの話

私たちは、自分が何を感じているのかを知ることが苦手。

子どものときから、自分の感情を抑えることを学んできたから。

自分の気持ちに敏感になること。自分の気持ちを大切にすること。直感を信じること。

直感は宇宙からのメッセージなんです。


うれしいこともイヤなことも、自分のなかにため込まない。

自分の感情に敏感になって、それを表現すること。その感情を味わい、受け入れること。

すると、その感情から解放されていく。


自分を変えるために一番効果があることとは、今の自分をそのまま許してあげること。

「それでいいのよ」とやさしく抱きしめる。

今の私のままで十分。そのことに気づくことこそ一番大切なこと。


感謝をする心が大切。宇宙に感謝し、自分に感謝する。

「ありがとう、教えてくれて」と感謝すると、宇宙はうれしそう。
感謝をすることで、私たちは宇宙の一部で、すべてのものとひとつだと実感できる。

神様のワン・ドロップが私たちの魂。神とつながるには瞑想すること。
これをやろうと思ったら神が手伝ってくれる。道を創ってくれる。
そのためには信頼すればいいの。すべてを、宇宙を、神を——。

受け入れの極意——。
ネガティブな自分がいたら、「それもいいよね」って。そう思えばポジティブになれる。

自由ダンス（スピリットダンス）をしましょう。
自分を解放すること、心を解放すること。人の目を気にしない。
「何をやってもいいんだ」って身体が解放されると、心が解放される。
笑いヨガをしましょう。
無理して笑う。すると元気になる。

人生を、今を、楽しめばいい。そうすると幸せになっていく。

人とうまくいかないのは、自分とうまくいっていないから。

自分がＯＫになれば、この世に何ひとつ問題はないの。

ダイナミック・メディテーションと数息観

心に光をあて、癒してくれるような話に涙がでました。

私は長い間放っておいた〝自分の世話〟を始めることにしました。紘矢さん、亜希子さんの言葉を声に出して読み、心で感じるようにしました。そして言われたことを実践していきました。

身体と心を解き放つように自由ダンスを、心がほがらかになるように、笑いヨガを、日課にしたのです。ネガティブな自分が出てきても、「それでいいんだよ」と言って肯定するようにしました。自分のがんばりやいいところを、たくさんほめるようにしたのです。

そして、神とつながるためというよりも、苦しさからのがれたいために瞑想を始めました。苦しいときは、やはりいつもここに戻ります。何度も同じ繰り返しです。ダイナミック・メディテーションで感情を浄化し、次に数息観。長い時間は難しいので、どちらも10分ずつ。

久しぶりに数息観を始めてみると……考えるという病気にかかっていた私は、まるで「スクランブル交差点」にいるようなものでした。

次から次へ、あちこちから歩いてくる人（思考）に反応してしまうのです。瞑想をしているのに、用事を思い出して中座してしまったり、考えにとりつかれて瞑想していることを忘れてしまったり……。

そこで今度は「交差点」の脇にあるベンチに座り、カメラを引くように、人（思考）の往来を眺めることを意識します。ＯＳＨＯの言う「目撃者」の視点です。

しかし、気がつくと素敵な人（思考）を追いかけてしまっている。はっと我に返って、ベンチに戻る。また気がつくと、気になる人（思考）を追いかけて交差点に飛び出してしまっている。はっと気づいて、ベンチに戻る。

こうしたことを何度も繰り返して、ようやくベンチに腰を落ちつけること、「目撃者」でいることに慣れていきました。それでもまだ初心者マークでした。

空に浮かぶ雲が思考だとすると、頭のなかは雲だらけです。

気持ちよさそうに浮かんでいる白い雲を見ているときは、心が乱されることは少ないのですが、どんよりした暗い色の雲が心のなかを覆うと、そこから逃れられないような暗い気分になってしまいます。

そういうときは、その雲の上に広がっている青空をイメージします。青空はいつも雲の上に広がっている。思考という雲がいくら重なっていても、心は本来、青空のようにいつも澄みきって、つねにそこにある。そして、どんな雲でもしばらくしたら流れていってしまう。そのことを思い出すようにしました。

そして、暗い色の雲がやってきたときこそ、思考と闘わずにリラックスする。焦らないで「それでいいんだよ」と受け入れる。そして空を広げる。もっと大きな青空をイメージする。日本列島が眼下に見えるくらいに、自分の視点を引いてみる。すると自分を覆っていた暗い雲も、遠くにある小さな雲になり、上には青空が広がっています。

雲に覆われたときの暗い気分、それは去っていきます。

青空が見えたときの幸せな気分、それも去っていきます。

暗い気分になっても大丈夫。幸せな気分を求める気持ちに振り回されない。そう意識するようにしました。

身体で感じる

瞑想を続けていると、あることに気づきました。

「身体で感じる」。それがとても大切だということ。

孤独だったり、空しかったり、感情にとらわれているときは、瞑想しながら身体の感覚に注意を向ける。すると、身体のどこかが緊張していたり、呼吸が速くなったりしているのが分かります。その感覚に光を当てるのです。頭で判断せずに、ただ味わうのです。不快であろうが快適であろうが……。ただ「それでいいんだよ」と受け入れる……。

すると力みが消え、しだいにその感覚が変化していきます。

感情が身体から離れていくのでしょうか。自分という存在が、つっかえが取れたように流れ出すような気がするのです。

つまり、身体の感覚をそのまま味わい受け入れることで、力みが取れ、とらわれていた感情から解放されるのです。「自分を大切にする、愛する」というのは「自分を好きになる」こととは異なり、詰まりをぬぐい取って、自然な流れにすること。花のように、虫のように自然に生きること……「はじめの自分」に帰ることなのかもしれません。

雑念が減ってくると「ああ、この世界にもどってきたな」という感じがします。たったひとりのこの世界。寂しいような、満たされているようなシーンとした静かな世界……。孤独……なのかもしれない。

でも人は、ひとりで生まれ、ひとりで死んでいく。どう考えても孤独なのです。でも、切り離されているわけではない。生まれる前から、今も、死んでからも、ずっと大いなる存在とつながっている、そう思うのです。

今でもときどき、寂しさや空しさを感じることがあります。しかし、そのことの受けとめ方が変わりました。それらの感情の奥に、安らぎや落ちつきのある場所を見つけたのです。それは私のなかに見つけた灯であり、私が戻ることができる場所です。

以前と比べるとずいぶん楽に暮らせるようになりました。

好きなこと、楽しいこと、やりたいことをやる。やりたくないことはできるだけやらない。わがままなゾルバ。わが年齢を考えると、老境のゾルバです。

自分の好きな食事を作る。身の周りに好きな絵やお気に入りのものを置く。散歩をして外の空気を感じ、草花、そしてお日さまやお月さまを愛でる。「今」のすばらしさを感じる……。

生活をいつくしみ、心がときめくことをすると、自分という存在が喜んでいるのが分かります。口角を上げて笑顔を作り、鼻歌を歌います。

私が世界ですから、私が笑えば、世界が笑う。

私が鼻歌を歌えば、世界が鼻歌を歌う。

むろん20歳のときの問い――私とは何か、どこから来て、どこへ行くのか――は、まだ解決できそうもありません。人間は大して成長しないものですね。これからも問い続けるでしょう。

（あとがき）
ゾルバ・ザ・ブッダ（仏陀であるゾルバ）

20歳のときのインドの旅の記録。

あるとき私はその記録をデータに入力することで、追体験することを思い立ちます。自分の原点に触れてみたくなったのです。

記憶の断片を思い出しながら、書き加えたり妄想したりしていると……不思議なことに出会った人々が語り始めたのです。私は、彼らが語りたいまま、頭に浮かんでくる言葉のままに筆を進めていきました。

そんなふうに生まれたのがこの本です。

私が体験したこと、学んできたこと、妄想したことを寄せ集めて、パッチワークのように貼り合わせたのです。事実と虚構（フィクション）、過去と現在がいろいろ貼られています。旅行記であり、自伝であり、自分自身を題材にした小説でもあります。

文章を書いていて思うことがありました。

「私はいったい誰に向かって書いているのだろう？」

知人に向けて？　会ったこともない誰かに向けて？

いや、そうではない。やはり自分に向けて書いています。もうひとりの自分に向けて。その相手は、私の無意識の中心である自己（セルフ）かもしれません。物言わぬ「目撃者」としての自分かもしれない。それとも、内なる魂に向けて書いているのかもしれません。魂を鎮めるために……。

生きること、存在することは、表現することを必要としているのかもしれません。


私のような凡夫はゾルバにもブッダにもなりきれませんが、それでも自分の中に、あのゾルバとブッダがいます。

普段意識することはありませんが、ＯＳＨＯの言葉はもちろん、サツキさんや森田さんから学んだことが心の奥に刻まれていることに気づく瞬間があります。ときどき聞こえてくるその声に導かれるように、私は人生を歩んできたのですね。

アシュラムの旅で出会った皆さんに、その後の人生で出会った多くの方々に感謝しています。ありがとうございます。

「私の考えによる新しい人間は、ギリシャ人ゾルバであるとともに、ゴータマ・ブッダでもあるだろう――新しい人間は〈ゾルバ・ザ・ブッダ（仏陀であるゾルバ）〉になるだろう。

彼は感覚的であるとともに、精神的だ。彼は肉体的であり、完全に肉体的であり、身体の中にあり、感覚の中にあり、肉体と、肉体が可能にするすべてのことを楽しんでいるが、同時にそこには大いなる意識、大いなる目撃者がいるだろう」（ＯＳＨＯ）

２０２３年２月　春光に梅花かがやく季節に

著者

（解説）

自分とは何ものか、生きる意味とは何なのか

山川　紘矢
山川亜希子

今、人類は覚醒の時代を迎えている、と言われています。人間は孤立し、敵対し合い、争い合うのが普通だ、と私たちはずっと信じていました。また、自分は何ものか、自分の本質は何であるか、については何も分からずに生きていました。

その結果、何が起こったかといえば、対立、争い、権力闘争、差別、憎しみ、強欲、戦争、環境破壊などなど、現代社会を覆っている様々な問題を生み出しました。

人間は傲慢と強欲の極致に達して、人間以外の生命を蹂躙し、痛めつけ、地球の環境を悪化させ、今や人間自身の生存すら危うい状況に陥れています。

でも、それと同時に、世界のあちらこちらから、それまでの世界観とはまったく異なるもっと広い世界観、宇宙観が生まれてきています。いや新しい宇宙観というよりも、インドや日本や中国などに古来からずっと存在していた賢者の智慧が、次第に世界の人々の間に広まりつつあると言っても良いかもしれません。

そのような東洋の思想や生き方は、人間とは孤立した存在であるというこれまでの世界観や、近代社会の科学偏重の思想に対して疑問を持つ人々の間に、20世紀以降、広まり始めました。

東洋、特にインドの賢者たちは、人間の本質は魂であり、見えない世界こそが真実の世界であり、人間は身体や頭の存在ではなくて、宇宙の一部である魂こそが人間の本質なのだ、と教えているからです。

この本に登場するＯＳＨＯは、こうした教えを説いたインドの聖者のひとりです。多くの聖者の中でも、彼は歯に衣を着せぬ率直な言葉で世間的な欺瞞を暴き、真実の世界とは何か、人間として大切なことは何か、人間の本質とは何かを、簡潔な言葉で教えました。英語で行われる講話は、多くの欧米人を惹きつけました。また日本でも、『ＴＡＯ永遠の大河』（河出書房新社）、『存在の詩』（星川淳訳　めるくまーる）などの名著が翻訳されることによって、多くの読者やフォロアーが生まれました。

彼は1931年に生まれ、幼いころから聡明で社会の規範に反抗的な少年だったそうです。その後、哲学の大学教授となりました。そして禅の真髄を学んで、本来の人間は何ものであるかを問いかける彼の講義が人気になり、1966年に大学を離れてバグワン・シュリ・ラジニーシとして一般の人々に教えを伝え始めたのでした。その後、死の直前にOSHOと自ら改名しています。

彼はインド中部のプネーという町の中心部に大きな土地を譲り受けて、広大なアシュラムを建設しました。そこには欧米や日本から多くの人々が彼の教えを受けにやって来て、そのまま彼の弟子（サニヤシン）となってインド名をもらう人が続出しました。そして1980年代には、アメリカのオレゴン州に楽園を作るのだと言って進出したのでした。

しかし、本来は自由な集まりのはずのOSHOのグループは、いつの間にか巨大な宗教団体のようになり、内部分裂も始まりました。さらには、法律を無視してでも自由な生き方を主張するＯＳＨＯの思想は、アメリカ政府と対立して最終的に彼は国外退去を命じられています。そしてインドのプネーに戻ったＯＳＨＯは１９９０年に59歳で亡くなりました。

そのような試練を受けたプネーのＯＳＨＯの道場は、現在では主としてヨーロッパの人々の手によって運営され、今でも多くの若者やＯＳＨＯの信者たちがそこで瞑想をし、自らの成長を目指してワークショップに参加しています。

この本の作者中村有佐さんは１９８１年に20歳でプネーのアシュラムにひとりで行ったそうです。そして生前のＯＳＨＯの講義を何回も聞き、瞑想し、多くの先輩や友達から沢山のことを学んでいます。

私たちはサニヤシンの友人に誘われて、２００８年、初めてプネーに行きました。ＯＳＨＯ亡き後のアシュラムは多くの西洋人にあふれ、夜の瞑想の時間には真っ白い服を着た人たちでピラミッド型の広い会場がいっぱいになっていました。

当時、実はＯＳＨＯに対して、私たちは否定的な思いを持っていました。アメリカでの彼らのやり方を知って、ひどいカルトであり、とんでもない指導者に違いない、と思い込んでいたからです。ですから、あまり熱心にアシュラムに通ったわけでなくて、プネーの雰囲気やインドの色彩豊かで熱気に満ちたエネルギーを楽しんだり、そのパワーに圧倒されていたのでした。

しかし、その後、ある書店からの依頼でＯＳＨＯの本を翻訳し始めた時、やっと、彼の過激で断定的で、しかも分かりやすい宇宙的な真理の説明に、深く感銘を受けました。彼はこの時代に必要とされる素晴らしい教師だ、と思ったのです。本当に大切なことを、わかりやすい言葉で話していたからです。そしてなんと、彼のファンになってしまいました。

ですから、ＯＳＨＯの話を直接聞き、彼のダルシャンを受けたという著者が、ＯＳＨＯの影響を深く受けるのは当然といえるでしょう。しかもその後、著者は仏教の本質と量子物理学の考え方に触れています。

今、量子物理学はこの世界の成り立ちを急速に解明しつつあり、それは以前から、精神世界で見えない真実、として語られていることが、実は科学的にも説明できるものだということを証明しているかのようです。

しかし、ＯＳＨＯの話や仏教の本質、量子物理学の意味を本当に理解し、人生に生かすには、一ヶ月や二ヶ月の学びではとうてい無理な話です。とはいえ、若いころにそのような体験をした彼は、その後の人生を深く、濃密に過ごすことができたのではないかと思います。

そして今は、ひとりひとりが覚醒して、自分とは何ものか、生きる意味とは何なのかなどについて、それぞれに答えを見つける時なのです。21世紀も20年以上たった今、もっともっと多くの人がそのことに意識を向けることがますます重要になっています。そして実はそのように宇宙は計画し、仕組んでいるのでしょう。

すでに新しい意識を持つ子どもたちが多数生まれている、と言われています。その子どもたちの優れた資質をそのまま生かすような教育が必要になっています。そのためには、本当の自分自身を少しでも思いだし始めた大人の存在が、今までにまして大切になるでしょう。この本はその意味でもとても意味深い本だと思います（翻訳家）。

《参考文献》

『TAO 永遠の大河1、2』（OSHO著　スワミ・プレム・プラブッダ翻訳　河出書房新社）
『英知の辞典』（OSHO著　スワミ・アナンド・ソパン翻訳　めるくまーる）
『歎異抄にであう　無宗教からの扉』（阿満利麿　NHK出版）
『歎異抄　救いのことば』（釈徹宗　文春新書）
『道元入門』（角田泰隆　角川ソフィア文庫）
『NHK「100分 de 名著」ブックス　般若心経』（佐々木閑（NHK出版）
『宿なし興道法句参』（内山興正　柏樹社）
『宇宙の不思議』（佐治晴夫　PHP文庫）
『ニュートン2020．4月号 存在とは何か』（ニュートンプレス）
『死は存在しない』（田坂広志　光文社）
『魂の家族を求めて』（斎藤学　小学館文庫）
『「自分のために生きていける」ということ』（斎藤学　大和書房）
『アダルト・チルドレンと家族』（斎藤学　学陽書房）

中村有佐（なかむら・ゆうすけ）

1960年神奈川県生まれ。同志社大学文学部在学中に、OSHOの道場（アシュラム）をはじめインド、ネパールを歩く。この旅が人生に大きな影響を与えたことを描いたのが本書。卒業後、精神科ソーシャルワーカーをへて小学校教員に。マレーシアの日本人学校教諭、ＪＩＣＡ横浜で研修講師、小学校英語専科教員、公立小学校長を歴任。学校心理士、メンタルケア・カウンセラー。

ゾルバとブッダ

初刷　２０２３年３月23日

著者　中村有佐（なかむらゆうすけ）

発行人　山平松生

発行所　株式会社 風雲舎
〒162-0805 東京都新宿区矢来町１２２ 矢来第二ビル
電話　〇三-三二六九-一五一五（代）
ＦＡＸ　〇三-三二六九-一六〇六
振替　〇〇一六〇-一-七二七七六
URL　http://www.fuun-sha.co.jp/
E-mail　mail@fuun-sha.co.jp

ＤＴＰ　中井正裕
印刷　真生印刷株式会社
製本　株式会社 難波製本

ISBN978-4-910545-03-5

風雲舎の本

サレンダー
――自分を明け渡し、人生の流れに身を任せる

マイケル・A・シンガー（著）
菅靖彦・伊藤由里（訳）

世俗的なこと、スピリチュアルなことを分ける考えが消えた。流れに任せると、人生はひとりでに花開いた。

四六判並製◎［本体２０００円＋税］

ほら起きて！ 目醒まし時計が鳴ってるよ
――そろそろ「本来の自分」、宇宙意識である自分を思い出すときです。

（スピリチュアルカウンセラー）並木良和

ひとりが目醒め、高い周波数に上がっていくと、「高周波ステーション」となって、高い電波を発信します。周囲もその影響を受けて感応します。そういう習性があるからです。

四六判並製◎［本体１６００円＋税］

アスペルガーとして楽しく生きる
――発達障害は良くなります

（発達障害カウンセラー）吉濱ツトム

大丈夫、あなたを生かす手段はある。適切な方法さえあれば、誰だって改善できる！

四六判並製◎［本体１５００円＋税］

アカシックレコードと龍
――魂につながる物語

ジュネ（Noel Spiritual）

「スフィア」の声を聴き、龍と出会った私の旅。龍の声がした……〈お前は特別ではない。だから選ばれたのだ。だが、お前は自分を特別だと勘違いし……〉

四六判並製◎［本体１５００円＋税］

新しいわたし
――龍の大風に乗って、こんなところまでやって来ました

（中学校講師・生協理事長）二戸依里

ある日を境に、「あなたには白龍がついていますよ」「遠い星からたくさんの魂を引き連れていますね」などと言われるようになった。一体どうしたのでしょう？

四六判並製◎［本体１６００円＋税］

「バイオサンビーム」で病気が治った
――〝治る治療〟を追求してきたある医師の物語

（青木クリニック院長）青木秀夫

がん、アトピー、脳腫瘍、リウマチ、喘息、コロナもどき、そして病因不明の患者さん。片田舎の小さなクリニックに、患者さんが押し寄せています。

四六判並製◎［本体１６００円＋税］